心一堂彭措佛緣叢書·嘉樣堪布仁波切開示系列

請多觀照自心

——嘉樣堪布禪語錄

喇榮五明佛學院聲明學大堪布

嘉樣仁波切　著

Śūnyatā

書名：請多觀照自心——嘉樣堪布禪語錄
系列：心一堂彭措佛緣叢書 嘉樣堪布仁波切文集
作者：嘉樣堪布仁波切
出品：梵音工作室
策劃：北京從仁文化發展有限公司
責編：馬世領

出版：心一堂有限公司
通訊地址：香港九龍旺角彌敦道六一0號荷李活商業中心十八樓0五-0六室
深港讀者服務中心：中國深圳市羅湖區立新路六號羅湖商業大廈負一層008室
電話號碼：(852) 67150840
網址：publish.sunyata.cc
電郵：sunyatabook@gmail.com
網店：http://book.sunyata.cc
淘宝店地址：https://shop210782774.taobao.com
微店地址：https://weidian.com/s/1212826297
臉書：https://www.facebook.com/sunyatabook
讀者論壇：http://bbs.sunyata.cc

香港發行：香港聯合書刊物流有限公司
香港新界大埔汀麗路36號中華商務印刷大廈3樓
電話號碼：(852)2150-2100 傳真號碼：(852)2407-3062
電郵：info@suplogistics.com.hk

台灣發行：秀威資訊科技股份有限公司
地址：台灣台北市內湖區瑞光路七十六巷六十五號一樓
電話號碼：+886-2-2796-3638 傳真號碼：+886-2-2796-1377
網絡書店：www.bodbooks.com.tw

台灣秀威讀者服務中心:
地址：台灣台北市中山區松江路二0九號1樓
電話號碼：+886-2-2518-0207
傳真號碼：+886-2-2518-0778
網址：www.govbooks.com.tw

中國大陸發行 零售：深圳心一堂文化傳播有限公司
地址：深圳市羅湖區立新路六號羅湖商業大廈負一層008室
電話號碼： (86)0755-82224934

版次：二零一九年六月初版

平裝

定價：港幣 一佰二十八元正
新台幣 六佰五十元正

國際書號 978-988-8582-27-3

心一堂微店二維碼

心一堂淘寶店二維碼

自序 用「心」生活

今天的人們，在享受著物質上的極大豐富，同時却陷入了精神上的極大貧困，人們的幸福感與快樂感遠不如前。一個重要原因，是我們過於重視身體的貪求，而不是適當的需要，我們為了滿足肉體表面感官的樂受，不惜殺盜淫妄酒，甚至不擇手段，看似很照顧自己，實際上已遠遠超出了這個肉體自身所必需的承載力，我們很少慢下來靜下來問問我們的身體，即使它反覆通過一些不適的信號預警，希望我們簡單一些，減少一些，調理一下，休養一下，可是我們對待自己的身體仿佛是他人一般，仍然我行我素，高速運轉，以至負擔過重，於是產生了一系列的富貴病、慢性病、疑難病，終至疲憊不堪，病倒在床。這是身體不健康帶來的苦惱。

另一個重要原因，是我們過於忽視精神的需要。大多數人沒有認識到生命對精神生活的需要，即使知道，也大

請多觀照自心——嘉樣堪布禪語錄

多停留在文化與藝術層面，最多是哲學層面。或者雖然達到了信仰的層面，但真正有正確信仰的人少之又少，不是誤信，就是迷信，或者是不究竟不圓滿的信仰。正因為如此，我們常常處於精神饑渴狀態，於是產生了一系列的精神疾病，如失眠、抑鬱症、神經病，嚴重者自殺。有專家甚至預言，威脅21世紀人類的疾病將是精神病。這是心靈不健康帶來的苦惱。

上述兩個方面的問題，也是為什麼我們吃飽喝足但仍不幸福快樂的根本原因，因為我們一方面過度放縱身體的貪求，另一方面遠遠沒有滿足精神生活的基本需要。

要解決上述問題，一方面，要減少身體的貪求，也就是不再「縱欲」；另一方面，要滿足心靈的需要，也就是要多多「關心」。

如何「關心」自己？最好的方式，莫過於時時「觀心」。也就是說，我們在做任何一件事的時候，都能清清楚楚地「看到」，仿佛是旁觀者一樣，用第三

只眼睛觀察著自己的所作所為，一言一行，起心動念。

我們的本心都是清淨的，如果我們真正能夠做到時時觀照事事，做或遇到不好的事情時，我們自然也就能夠覺知到，也就相對容易規避。這也就是常說的「不怕念起，就怕覺遲」。

「觀心式」的生活，也就是真正用「心」生活，這也才是真正地「關心」自己。

嘉樣堪布

目錄

 請多觀照自心──嘉樣堪布禪語錄

目錄

請多觀照自心——嘉樣堪布禪語錄

目錄

 請多觀照自心——嘉樣堪布禪語錄

目錄

目錄

請多觀照自心──嘉樣堪布禪語錄

目錄

請多觀照自心——嘉樣堪布禪語錄

目錄

 請多觀照自心——嘉樣堪布禪語錄

目錄

請多觀照自心——嘉樣堪布禪語錄

目錄

請多觀照自心──嘉樣堪布禪語錄

目錄

請多觀照自心──嘉樣堪布禪語錄

目錄

 請多觀照自心——嘉樣堪布禪語錄

目錄

請多觀照自心——嘉樣堪布禪語錄

目錄

請多觀照自心——嘉樣堪布禪語錄

目錄

請多觀照自心——嘉樣堪布禪語錄　

目錄

請多觀照自心——嘉樣堪布禪語錄

目錄

請多觀照自心——嘉樣堪布禪語錄

目錄

請多觀照自心——嘉樣堪布禪語錄

目錄

請多觀照自心——嘉樣堪布禪語錄

目錄

 請多觀照自心——嘉樣堪布禪語錄

目錄

禪心過活

人生苦短，生命在呼吸間。心是身口意三門中的主宰，決定生命的質量和高度，當善護之。也許無法主宰自己生命的長度，但我們能拓展它的深度，提升它的高度。善於護持自己的一念善，保持它，成長它；思索活著的意義、生命的原委；愉快地生活，少煩惱，帶給他人的不是傷害是快樂，留給自己的不是遺憾是幸福，這些都是禪心過活。禪心禪意，將生命安於舒適境地，覽看生命，安然，悅意。

請多觀照自心——嘉樣堪布禪語錄

心的起點與終點

隨緣是不怨尤，不強求，不偏激，不極端，是隨順因緣，順勢而為。隨緣不是消極，不是聽天由命，不是任之棄之，而是積極進取，以平常心對待周遭的人、過往的事。平和處理好該做的事，安頓好應負的責任，不刻意尋求結果，也不自暴自棄停止努力。心不以物境而搖擺，意不隨境遇而起落。大愛大智是心的起點，也是心的終點。

一切境現源自心

佛說：「一念天堂，一念地獄。」一念的善，就造天堂的因；一念的惡，會結地獄的果。佛和魔也許只在一念之間，運用之妙存乎於心。當你的心趨向惡時，地獄之門便打開了；當你的心趨向善時，天堂之門則打開了。

請多觀照自心──嘉樣堪布禪語錄

心勿著境

人生如戲，不管酸甜苦辣，願意或抗拒，那個舞臺總要登場；不管悲歡離合，喜憂惱恨，那個角色總要出演。舞臺或是絢爛或是暗淡，出演主角抑或配角，一切却并不由己，命運做著導演。但無論於悲劇或於喜劇，若心能抽離，不隨逐外境，不固尋習氣，在喧囂中寂靜，在浮躁中沉穩，多些思考，多些探尋，人生其實是行於解脫之路。那不再是戲劇人生，是幸福人生。

請多觀照自心——嘉樣堪布禪語錄

修行是修正自己的錯誤而趨向完美，端正自己的行為而澄淨身心。修行是點滴的功夫，好似滴水穿石、鐵杵成針，非一朝一夕的結果。修行需要有耐性，持久恒常，不急不躁，不松不緊，不好高騖遠，不半途而廢，沿著正確的道路，規範自己的心行。修行能帶來身心遠離貪、嗔、痴三毒煩惱之後的清涼，能閃現出去除無明障蔽後如撥雲見日般的智光。

請多觀照自心——嘉樣堪布禪語錄

心如畫師

《華嚴經》上說：「心如工畫師，能畫種種物。」心裏裝著什麼，你的世界就是什麼。心懷醜惡邪見，謗無因果，世界就是醜陋恐怖的。心懷善良慈悲，世界就是光明美好的。心懷貪嗔痴三毒，就是輪迴。心性開悟，不執實、不攀緣、不起惑、不造業、不煩惱，就是解脫，就得安樂。

心寬似海

心似大海，春自暖，花自開。心若計較，處處都有怨言；心若放寬，時時都是春天。若要計較，沒有一個人、一件事能讓你滿意。享受內心的坦蕩與淡然，生活靜好、安然，釋放了空間給自己，讓出了陽光給他人。心寬一寸，路寬一丈。若心寬似海，總可以波瀾不驚地遠航。

 請多觀照自心——嘉樣堪布禪語錄

改善我心

每個人的習慣、性情，為人處事的方式都各有不同，因此，人與人接觸和交往中免不了會有摩擦和誤會。改變不了他人，善於自我改造，就總能與人相處融洽。心不存憤恨惡念，語不帶尖酸刻薄、粗惡詆毀，不傷害、誹謗他人，堅守善美的心念、清淨的語言。栽一株慈悲的草，綻一朵寬容的花，一朝人生的大原野綠意遍滿，雲也悠悠，心也安然，灑脫自在天地間，遍結善緣同歡顏。

請多觀照自心——嘉樣堪布禪語錄

「非同尋常」的平常心

以怨報怨永遠不能化敵為友。以德報怨，冰釋前嫌。以憤怒熄滅不了憤怒。怒起時安忍如樹，風平浪靜。以欲望止息不住欲望。平常心，激流勇退，寧靜致遠。

心中有善惡自滅

地上種了菜，就不易長草，心中有善，就不易生惡。與人相處，善意成人之美，涵養容人之德，妒嫉就不易生；有讚嘆他人長處，隨喜所做功德且不吝溢美之詞，發自真心誠意，自讚毀他就不易有。

 請多觀照自心——嘉樣堪布禪語錄

31

心平氣和

人生至境，在於心平氣和。當挫折和失意時，以一顆平和的心去面對；當成功和得意時，也同樣不要失了平和。人生在世，有時春風得意，有時舉步維艱；有時一切順利，有時處處碰壁，可是不管怎樣，保持一顆平和的心，淡然面對一切，即便處境突變，也不會大喜大悲、失落或痛苦，時時笑對。

智慧的忍是心不動而轉

忍是修養也是修行。忍者無敵，能忍自安。忍不只是忍氣吞聲、忍羞含辱、忍怒不發、忍惡抑善、忍苦含恨、忍樂求難而已，忍是內在智能和情懷，遇境遇難時了知抉擇應對，懂得化解消融。忍是寬容的慈悲，忍是見性的菩提，忍是大智大勇的行儀。面對困境，心不動轉，能歸於平靜，安之若素，是覺性智光的閃現。

請多觀照自心——嘉樣堪布禪語錄

每一個當下都是修心的關鍵

每一天都是做人的開始，每一刻都是覺醒的良機，每一個當下都是修心的關鍵。勿以善小而不為，勿以惡小而為之。改變別人，不如先改變自己：獨處時能常思己過，聚眾時能不論人非，由改變自己而自助，由影響他人而助人。如是，則時時歡喜，處處吉祥。

只有放不下的心情

沒有過不去的事情，只有放不下的心情。為什麼煩惱那麼多？因為有太多的放不下，把「我」看得太重。被批評了，「我」的面子放不下；被誤解了，「我」的委屈放不下；被欺騙了，「我」的報復放不下；被傷害了，「我」的怨恨放不下……太過重於「我」，難免只見萬般的不如意；輕「我」重「他」，很多事情都迎刃而解，很多時候都輕鬆快樂，很多地方都安然自適，便不會被傷害，也不會去傷害。

 請多觀照自心——嘉樣堪布禪語錄

寬容慈悲心最幸福

不要只看到別人外在的缺陷，却看不到自己內心的污點；不要只要求別人能付出什麼，也要想自己能奉獻什麼。待人退一步，容人寬一寸，愛人多一分。將心比心，多站在別人的位置想一想，能幫助別人，終究是在幫助自己。寬容、慈悲心最幸福。

常起歡喜心

要想家庭吉祥和睦，要常常起歡喜心。對長輩老人孝順體貼，聲色柔順，常念感恩而歡喜；對夫妻兄妹關心支持，慈愛尊重，常想惜緣而歡喜；對兒女後輩智慧養育，培養愛心，常得欣慰而歡喜。

請多觀照自心——嘉樣堪布禪語錄

34

一心向善

孝順要及時，行善也要及時。做一切好事都要把握時機，也要把握因緣。捨去昨日的好與壞，把握今日的成與敗，一心向善，分秒必爭。不必小看自己，心包太虛，人有無限可能，任何事情都是從一個決心、一個種子開始。滋長善的苗芽，迎接本性明光。

用慈悲心去看待一切

對於半杯水，不同角度可以有截然相反的看待。如果看水，那麼看到的就是水；如果看杯，那麼看到的就是半杯水。世間的一切本是相對并存的，而你的心態決定了你看待事物的角度和處理問題的方式。慈悲和智慧的心看待一切皆趨向於本真，對待何人、何事皆趨向於善。

 請多觀照自心——嘉樣堪布禪語錄

達摩大師對治境遇四心要

人生中每年、每天、每時都會遇到苦樂憂喜等各種境況，如何能不受境遇左右，不起煩憂，需依心態，終究要依智慧。達摩大師教我們四種至要方法，稱為四行：一是報冤行，就是要我們在受苦時，想到這些苦報是「宿殃惡業果熟」，所以甘心忍受，都無冤訴。二是隨緣行，是說對一切得失、苦樂、榮衰等事，都要知道是從緣而生，緣盡則滅，不要有所執著。三是無所求行，要我們明瞭諸行無常、諸法無我的道理，不起妄求之心。四是稱法行，修行人當信解諸法空性之理，不著一切法而行六度，乃至圓滿菩提。

請多觀照自心——嘉樣堪布禪語錄

受苦方起出離心

若覓了時無了時，隨它去。路，必須自己走才能到達。苦，必須自己受才可消除。不要害怕苦，於苦中堅強和思考，會生出出離的氣度。勇敢堅持走下去，恒心就如滴水穿石，再大的困難與障礙也能突破。災要靠自己消，福要憑自己培，甘願做，歡喜受，難行能行，難為能為，於其中升華了自己。

不住於心

煩惱的根源在於不明真相，進而錯亂顛倒，於世間生起種種貪欲，百千萬年猶如身處暗室，枉生愁苦，掙扎煎熬，循環往復猶如水車輪轉。佛陀教我們對現起諸相，不住於心、不妄執，進而深觀因緣本末，逐步觀照內心微細動念之相，在念念來去起伏間，了悟虛實，見真泯妄，度一切苦厄。

 請多觀照自心——嘉樣堪布禪語錄

37

心懷慈悲

人人想要一生幸福，人人想要一生安康，人人想要一生無憾……人的一生想要的有很多，奢望和欲望無盡，但是不明因果取捨，邊追求邊造罪業，所以感召障礙和磨難不斷，幸福總是遙遠，總是事與願違。懷一顆慈悲心，幸福自然常在。心懷慈悲，自然心中無愧，自然可以生活得無所挂礙，自然可以怡然自得。心懷慈悲，你便可以擁有自在歡喜，歡喜自在。心懷慈悲，時時安心自在。

四種「無常」心

在佛陀的時代，佛陀就強調無常的重要，并常引用「四種馬」來譬喻眾生對「無常」觀的感受程度的不同。

第一種是「良馬」，見鞭影而跑。這種馬很聰明，看到主人的馬鞭，就知道要跑，不再慢吞吞地走了。第二種是「好馬」，主人的馬鞭碰到它尾巴的毛端，它就知道要跑。第三種是「庸馬」，比較遲鈍了，必須等到馬鞭打在身上覺得痛了，才知道要跑。第四種是「駑馬」，最遲鈍，馬鞭打在身上痛入骨髓，才知曉要跑。這四種馬譬喻四種對「無常」不同程度感覺的人。

第一種人，見花開花落就能體會到人生的無常，看到他人的生死就會去思考，如：人生從何來？死往何去？死了還有沒有死後的世界？如果沒有，那就一死百了；如果還有，死後會是怎樣的世界？是苦？是樂？進而想要去瞭解、解決它。

 請多觀照自心——嘉樣堪布禪語錄

39

第二種人，看到送葬的人群，或是棺木、靈車經過，就會深深體悟，總有一天自己也會這樣，所以引起學佛修行的心。

第三種人，必須看到自己相識的人，鄰居、朋友、同事的死亡，或者參加了朋友的葬禮，才體會到總有一天也會輪到自己，因此想到非修行不可了。

第四種人，必須等自己最親近、最關心、疼愛的人，比如父母親、愛人或兄弟姐妹死去了才會警覺到，自己不久也會像他們那樣。

如果連親人死亡也沒有深切的感受，直到自己年紀衰老、重病在身才感覺無常，這是比較遲鈍的人。若是連自己老病來臨也不覺得無常已經迫在眉睫，那真的是毫無無常感的人，往往每發生突如其來、意想不到的事，都痛苦不堪、痛不欲生，不知如何解決，如何面對。

請多觀照自心——嘉樣堪布禪語錄

平常心是道

無論我們處在何種困境，都不要輕言放棄。也許眼前不過是個折彎，看似無望，前方峰迴路轉，充滿生機，無限希望。人之所以迷惘，是因不了知實相。只要有恒心，堅持不懈，一切皆有可能。認清自己，不執著於結果，也不放棄對結果的追尋，平常心是道。

出離心不是無愛

佛說的出離心、不執著之意并非是不去愛自己的家，不去關愛父母家人，而是不著以貪嗔痴的煩惱而去大愛，去愛護家人及周遭的一切人。因為宿世的因緣而能同在一個屋檐下，成為一家人，應當珍惜。當了舊業，植善緣。家和萬事興，無須終日口不停；愛護家庭如愛己，不妨坦白與忠誠；一點笑容最可愛，家裏立時現光明；忍耐任由風雨過，守得雲開見月明。

 請多觀照自心——嘉樣堪布禪語錄

聖人求心智者調心

外境的好惡在於心，欲得淨土，當淨其心，隨其心淨，即佛土淨。內心的苦樂是感受，因心與境皆清淨，自然無有苦只有樂。聖人求佛但為求心，愚人求佛意不在心；智者調心，愚者只調身不調心。

以心知心

熱鬧中以冷靜的眼光看待一切，就會省去許多煩心的事；冷落時存一份熱切向上的心，就會享受到許多真正的樂趣。不管何時都滿懷善，快樂會始終像影子一樣跟隨。不論怎樣的境遇都持以感恩，心會像落地的石塊一樣安穩。

請多觀照自心——嘉樣堪布禪語錄

恬淡讓心自在

過分執著一些東西，比如物質的享受、情感的痴迷，便會常常處在患得患失、謀劃焦慮、擔心恐懼中。這樣的心沒有自由，難於產生智慧，只能讓判斷錯誤，讓抉擇失誤，還要為結果付出代價。恬靜淡然的心能使智慧像蓮花一樣綻放，讓喜悅像春風一樣拂面，讓心自在猶如高天浮雲，無束無縛。

心不動則不傷

人生在世如身處荊棘之中，心不動，則人不妄動，不動則不傷；若心動，則人妄動，傷其身痛其骨。如果搞不清狀況，靜觀其變是好的選擇；如果一定要選擇，以菩提心可以減少錯誤，以緣起空性智慧可以減少痛苦。

 請多觀照自心——嘉樣堪布禪語錄

樂來自施喜心

默默的關懷與祝福，亦是無形的佈施；見人為善，真心歡喜，叫作隨喜。佈施與隨喜，付出不多，回報不少，快樂無處不在，歡喜隨時生起。慈悲沒有敵人，智慧不起煩惱。

心如明鏡無一物

犯錯容易，知錯難，且犯且覺知；知錯容易，改錯難，且覺且改之；改錯容易，不再難，且勵且祛之。煩惱障垢皆客塵，依緣起，依緣滅。身是菩提樹，心如明鏡台，時時勤拂拭，勿使惹塵埃。佛性常淨，菩提本無樹，明鏡亦非臺，本來無一物，何處惹塵埃。

請多觀照自心——嘉樣堪布禪語錄

佛法即心法

什麼是佛法？從世俗方便來說，是能够幫助你獲得快樂，能够讓身體健康長壽，能够獲得家庭幸福美滿，能够發財富貴的方法；是離相修善的方法；是將以自我為中心，從因自私而坑害了自己中救度出來的方法；是能根本解除煩惱的方法；是深信因果的方法；是隨緣了業的方法；是能不再愚痴而成為智慧的方法；是能將眾生迷惑轉成覺悟的方法；是拓展心量，發大心行大願，發菩提心的方法；也就是成就佛果的方法。

請多觀照自心——嘉樣堪布禪語錄

真正快樂是心靈快樂

外在的物質有時候也能為我們帶來一些快樂，但它們却往往是短暫的、稍縱即逝，過後反而會帶來失落或者被新的欲求沖淡，而使得這些快樂變得輕淺、不持久，甚至有不真實的感覺。真正的快樂是心靈的快樂，是擺脫了情緒和煩惱而自由了的心的笑，是智慧綻放的花，恒久、持續而恬淡怡人。

善觀自心

彼此不相傷害，又能保持溫暖，是恰當的距離。彼此無有所求，又能給予最需要的助，是恰當的善。彼此不懷索取，又能不吝付出，是恰當的予。不外求，不糾他過，善觀自心，是恰當的學佛。

請多觀照自心——嘉樣堪布禪語錄

正法心要最難得

再高的職位，再多的財富，再顯赫的地位，再遠播的名聲，比之於韶華流逝、歲月滄桑、生死交錯，也終將是皮相。大夢一場，百年醒來和片刻醒來沒有兩樣。獲得正法心要，值遇善知識攝受，自己有能力有意樂修行，此種時空際遇、因緣和合，比針尖停豆更難得，比黃金更珍貴，比白駒過隙更易逝。學會珍惜，小心翼翼。

菩提心就是覺悟心

菩提心就是覺悟之心。在因地，就是以空性，智慧和慈悲之心，來明瞭宇宙與人生的真相。在實踐，就是自覺與度眾并行之舉。在果地，就是自他覺悟與行持圓滿的境界。

 請多觀照自心──嘉樣堪布禪語錄

47

心靈雕塑師

曾有位著名的雕塑大師這樣說過：「雕塑就是在石料上去掉那些不必要的東西。」每個人又何嘗不是自我的雕塑師，一生的命運、每次的苦樂感受以及身心的境遇都是過去、現在和未來的那些個「我」親自雕塑出來的作品。如果不敲鑿掉不該要的東西，是不會塑造出一個像樣的自我的。當貪嗔痴、無明、煩惱被鑿落的時候，也是一尊完美「雕塑」落成的時候。

斷罪心就是戒律

戒律被承許為斷罪之心相續及種子。如果在心上具有——誓願斷除罪業，即使遇到生命危難也絕不造諸惡業——這樣的斷罪心，那就是戒律；假設心上面沒有斷罪之心，就不是戒律，即便斷除了十不善也不是戒律。所以，如果心裏具備了斷心就有戒體，倘若心裏沒有斷罪之心，就不具備戒體。

請多觀照自心——嘉樣堪布禪語錄

盛怒心最遠

一天，一個人問智者：為什麼生氣時說話會大喊大叫，即使對方就在自己旁邊？智者回答：當兩個人在生氣的時候，心的距離是很遠的，而為了掩蓋距離使對方能夠聽見，於是向對方咆哮喊叫，但在喊叫的同時，人會更生氣，於是距離就更遠，接著就要更高聲的喊叫……最遠的距離是即使面對面，也仍然似隔千萬裏。最負面的情緒是無法自控的憤怒，燃燒了自己，烤焦了他人。

請多觀照自心——嘉樣堪布禪語錄

49

鬧中心取靜

細數庭前落葉，靜聽窗外雨聲，看浮雲飄過，觀日出日落……享受寂靜安寧，雖身處鬧市，仍若置心於僻壤。聆聽一場自唱梵唄飄揚，誦讀一部佛典經文，思量一番心性明光，雖身處凡塵，仍可若置心於淨剎。將心從混沌、逐流處提起，自由在高處。

將心比心來放生

沒有一個眾生不惜愛自己的生命，將心比心，我們不去傷害眾生；沒有一種恐懼更勝過於性命攸關、命懸一綫，將心比心，我們應盡己所能解救屠戮；我們給放生的生命念經迴向，我們也將獲得快樂安然。解救危難，施與法露，善莫大焉，我們一起去放生。

請多觀照自心——嘉樣堪布禪語錄

掃去心靈之塵

如果生活是一杯水，那麼痛苦就是掉落杯中的灰塵。世上沒有不彎的路，人間沒有不謝的花。無常始終伴隨生命。不會有誰在輪迴裏能始終充滿幸福快樂，總有一些痛苦會折磨和耗損心靈。選擇靜下心來，品味生命，思量苦之去來。心靈的房間，不打掃就會落滿灰塵。以懺悔之水來蕩滌心靈不淨的塵。

請多觀照自心——嘉樣堪布禪語錄

讓身遠離惑境是對心最好的保護

太平洋布拉斯島蔚藍色的海底，原本是一個安謐平靜的世界，魚兒們互不侵犯，和平相處。但在深海的一隅，有一塊巨大的方石，被稱作魔方石。魚只要游到它附近，就如同著魔，性情大變，平時最溫和的魚也會變得異常凶猛，挑起一場場血淋淋的戰爭。

到底是什麼擾亂了這些魚的心智呢？生物學家通過研究發現，原來魔方石本身有一種吸附力，會把一些小魚吸附在石壁上，這些小魚經過氧化，會變成一種十分可口的食物。不僅如此，魔方石的石縫裏有一股股溫暖的泉水湧出，還藏有許多洞穴可以做窩。更神奇的是石柱表面還布滿了一種可以發光的水晶石，這種水晶石對魚的刺激很大，可以使它們興奮起來。也就是說，魔方石從吃到住，到精神的需求都一應俱全。因此魚兒只要游到魔方石附近，便會產生一種強烈的佔有欲，有的希望在

那裏獲得一口食吃，有的希望能居住在魔方石的洞穴裏，更有甚者希望把魔方石永遠佔為己有。因這種種的欲望，魚便失去了理智，變得瘋狂凶殘，不顧生死地爭奪領地。

　　世間繽紛繁複，到處充斥著如魔方石般的誘惑。內心具有定力，不攀緣外境，不隨外境所轉，首先選擇遠離誘惑之境是對自己最好的保護。

請多觀照自心——嘉樣堪布禪語錄

心簡單世界就簡單

得意時要看淡，失意時要看開。人生路起伏不定，順利、坎坷都是正常。放下心中的耽著，心便寬了，路便平了。沒有誰能挽住「過去」的時光，每一刻，時間的經緯裏都在織「現在」的絲。一切皆無常。心簡單，世界就簡單，幸福才會生長；心自由，生活就自由，到哪裏都快樂。

最大成就是調服自心

佛陀說：「我不見有任何東西，像未調服的心那麼危險。」心若未調服，貪嗔痴充滿，傷害他人，磨損自己。心若調服，慈悲與智慧閃現，利益他人，圓滿自己。最大的征服是息滅煩惱虛妄之心，最大的成就是調服自心。

請多觀照自心——嘉樣堪布禪語錄

不求他過但觀自心

不要企圖糾正身邊所有人的缺點和錯誤，使所有事都順自己心意，讓所有人都合自己的審美。除了自心，外面沒有另外一個世界，自心清淨，世界即美好，自心廣闊，世界就無隔閡。無瑕的內心，得完美的外境。

人人心間佛祖住

非淡泊無以明志，非寧靜無以致遠。靜看花枯榮，淡視雲卷舒。人人心間靈山佛祖住，息滅妄塵自現了。是非一笑過，善惡去心頭。妄念無來去，逐之自尋惱。

 請多觀照自心——嘉樣堪布禪語錄

心悟即佛

一念悟即佛，一念迷則眾生。眾生皆具佛性，皆具如來藏德性。成佛與否依修與不修，信與不信。若有人悟自心，把得定，做得主，不造諸惡，常修諸善，依佛行持，立佛行願，佛說是人不久成佛。

戒香、心香與慧香

守戒律的人，不一定要開花結果才有芬芳，即使沒有智慧之花，也會有芳香。具靜慮的心，無須在因緣裏尋找芬芳。他的內心永遠保持喜悅的花香。智慧花開的人，他的芬芳會彌漫整個世界，不會被時節範圍所限制。一個開展內在戒、定、慧品質的人，即使在逆境裏也可以飄送人格的芬芳。

請多觀照自心——嘉樣堪布禪語錄

隨緣是積極進取心

當不順心的事縈繞心頭，順其自然，惜緣隨緣，不怨恨，不急躁，不過度，不強求，不悲觀，不刻板，不慌亂。隨緣自適，煩惱即去。隨緣是智者的行為，是積極進取心，不應成為愚者的藉口。

苦樂取於內心

人生的苦樂，取決於自己的內心。以美好的心，欣賞周遭的事物；以真誠的心，對待每一個人；以負責的心，做好分內的事；以謙虛的心，檢討自己的過錯；以不變的心，堅持正確的理念；以寬闊的心，包容負你的人；以感恩的心，感謝所擁有的一切；以平常的心，接受已發生的事實；以放下的心，面對難以割捨的執著。

請多觀照自心——嘉樣堪布禪語錄

災禍源自被傷害者的怨恨報復心

世上的刀兵劫難而慨然悲嘆、心生恐懼，何如傾聽夜半屠門傳出的哀號聲；為社會的災禍頻傳而扼腕嘆息、驚恐不安，何如傾聽平日碗盤眾生的怨恨聲；為身染疾病重患而痛苦愁嘆、怨忿命運不濟，何如思量自己曾經傷害和塗炭過的生靈。

每一個生命，無論形體大或小，智能伶俐或愚鈍，當面對死亡時都極盡恐懼，極其渴望逃離和強烈期盼救護；當慘遭殺戮時，都極度絕望、悲憤和痛苦，并心生怨恨而生惡願報復。這就是成為世間災難、疾疫與動蕩不安的禍因。

請多觀照自心——嘉樣堪布禪語錄

陷入是非則失淨心

機緣未熟，便以退為進，對於譏諷誹謗、冷眼輕賤，種種不如意，以默面對。真信因果，自然安忍；深觀緣起，落在當下。接受他人的善意提醒與批評，可減少蹉跎歲月與彎路迂迴；

處事若能警惕別人的假意稱讚，就不會忘乎所以，傲慢失誤。常常陷入是非人我，便會忘其悲願，失其淨心，漏其功德。何時皆不忘大志大願，處處能大慈大悲，自然就能放下是是非非。

觀心而後行

人若不能究明事理，遇事衝動不冷靜，就會依著心裏面的情緒顛倒真實。重傷他人方才心生悔恨，往往為時已晚，造成不可逆後果而追悔莫及，徒留哀傷。寂天菩薩

說：若身欲移動，或口欲出言，應先觀自心，安穩如理行。在說話或行動之前，應當首先冷靜，觀察、省看自己的心，依尋智慧和正理而行事，是為正道。

 請多觀照自心──嘉樣堪布禪語錄

59

勤修懺悔心

後悔是一種耗費精神的情緒。哀怨嘆息於事無補，只能因停滯而錯失，因錯失而複犯。後悔是比損失更大的損失，比錯誤更大的錯誤，所以後悔無用。「懺」是知錯，「悔」是能改，當勤修懺悔。懺悔的五要點：

其一，懺悔要有慚愧羞恥之心，要真心知錯。其二，懺悔要相信因緣果報，真懼怕惡報。其三，懺悔不能拖延，一發現錯便立即修正。其四，懺悔要過心，決心「未來之惡更不復造」。其五，懺悔要以上師三寶為所依。

請多觀照自心——嘉樣堪布禪語錄

嫉妒心不必有

忌妒別人，不會給自己增加任何的好處，也不可能減少別人的成就。所以，當你因為這些事情而煩惱時，心中就要告訴你自己，這一切都是假的，你還煩惱什麼？

一念正，即是聖

聖凡之間的區別正在一念之間。一念正，即是聖，一念邪，即是凡。

請多觀照自心——嘉樣堪布禪語錄

感恩心對傷害你的人

惡口永遠不要出自我們的口中，不管他人有多壞，有多惡。你的惡語謾罵只是在自心上塗抹污染，在識田裏播種惡業種子，除了自我傷害，并不能改變什麼。反而，若能對損害自己的人做善知識想，心懷感恩，却能消業和積福。同樣的道理，即使明明是你對，別人硬說你不對，不去辯解和爭論，而是向別人求懺悔，這是一個自我心境的提升，得福在己。修行就是修這些，什麼事都能安忍下來，修行才會進步。

請多觀照自心——嘉樣堪布禪語錄

醫治心病須修行

疾病有兩種，身體的和心靈的。心靈上的疾病比身體上的更難於被自己發現，也更危險。醫治身疾的最好方式可能是吃藥，但治療心靈疾病的最好方式便是修行。

發心修行要按次第慢慢擴大

發心的範圍要慢慢擴大，尤其是在實際行動的時候更要按次第。先從自己身邊有緣眾生做起，無緣的眾生此時你很難直接幫到。所以在家居士最起碼都要做到尊老愛幼。家庭中最重要的關係是父母與子女。因為這種關係是血緣的傳遞，所以彼此之間有一種自然的愛。這種愛在父母的一方稱為慈，在子女的一方稱為孝。父母對待子女應該竭力愛護，并教養；子女對於父母應敬重承順，并奉侍贍養。

 請多觀照自心——嘉樣堪布禪語錄

人生重在修心

有一顆隨緣心，你會更灑脫；有一顆平常心，你會更從容；有一顆慈悲心，你會更積善；有一顆感恩心，你會更幸福；有一顆因果心，你會更明理；有一顆忍讓心，你會更快樂；有一顆超脫心，你會更淡然；有一顆修行心，你會更智慧；有一顆質樸心，你會更純粹；有一顆自知心，你會更清醒。

觀心才能放心

凡事不能執著，無論執著的形式多麼的不同，執著的東西怎樣的各異。但凡執著，必定煩惱，進而痛苦。將佛語嘉言、善知識言說置若罔聞，執意隨順自己的煩惱、堅持自己的知見時，就是輪迴的表現。能够省觀自心，發覺貪嗔，勇於面對與放下，這便是修行。

請多觀照自心——嘉樣堪布禪語錄

讓心情變好

當我們抱怨世間的不平與穢惡，深陷煩惱、痛苦與無奈之時，試著用佛的眼光去觀察世人，用佛的慈悲去憐憫世人，用佛的智慧去包容世人。這樣做時，身心外境會瞬間大不同。你會發現，原來世界沒想像的那麼遭，人心沒想像的那麼惡，心情沒想像的那麼差。

即心做佛與佛同心

修佛之要不在外求，而在自心明心見性。外在攀緣和尋求與佛相去甚遠。佛在靈山莫遠求，靈山只在汝心頭，人人有座靈山塔，好向靈山塔前修。即心做佛與佛同心，即身做佛與佛同體，即口做佛與佛同音，即意做佛與佛同悲，一念即佛無限慈悲！

 請多觀照自心——嘉樣堪布禪語錄

轉心需要持久

青春總會雕零，時光終將流逝，只有內心的平靜、喜悅、善念與光明能够永遠地燦爛與持久下去。世事，逃避不一定躲得過，面對不一定最難受。心，內斂不一定不快樂，外散不一定最灑脫。外物，得到不一定能長久，失去不一定不再有。轉身，需要絕決；轉心，需要持久；轉念，需要智慧。別急著說別無選擇，世間事并非非黑即白、非錯即對。真實在清淨無垢的智慧前顯現。

請多觀照自心——嘉樣堪布禪語錄

事事隨喜心生快樂

如果只知珍愛自己，就無法感受到快樂。但若愛人如愛己，則歡喜自然生起。如果關愛別人，當別人找尋到安樂時，自己自然地也會感到歡喜，無須任何理由。不論什麼人發生了什麼好的事情，都會自然地心生快樂，時時歡喜。

心寬格局大

做一個心胸寬廣的人，嚴於律己，寬以待人，虛懷若谷，大度為事。能容忍逆耳的話，能容許不順眼的事，能容納不合意的人。因難容能容，而能春風習習，暖意洋洋。做個厚積薄發的人，當諸緣不足時，應積蓄力量，修為自我，待因緣成熟，自會開花結果。蛹用一個冬天的時間積蓄力量，完成生命的蛻變，成為美麗的蝴蝶；蚌用畢生的精力，把粗沙變成晶瑩的珍珠；火山也許度過了萬年的沉寂，才會有噴湧一次烈焰的輝煌。

 請多觀照自心——嘉樣堪布禪語錄

67

心無所恃隨遇而安

明天做的最好準備就是珍惜當下，做到今天的最好。看破、放下、解脫、自在。看破就是明白，放下就是解脫，解脫即得自在。

心不藏怨尤嗔恚，不耽著，生活簡單，多些付出，少些期許。因心無所恃，所以能隨遇而安。以平常心看世界，花開花謝皆是風景。

從信任到信心

信任是打開我們心扉的一把鑰匙，是一種彌足珍貴的東西。沒有人能够用金錢買得到，也沒有人可以用利誘和武力爭取得到。它來自一個人的靈魂深處，是活在靈魂裏的清泉，可以挽救心靈，讓心靈充滿純潔和自信。信任源自瞭解，深信是因為智慧。信任的精深是信心，信心是福報，也是修行。

請多觀照自心——嘉樣堪布禪語錄

慈悲心是一劑良藥

人有了慈悲之心，就會變得寬容。寬容別人的同時，也敞開了自心的門窗，陽光照進，憤怒、怨恨和恐懼的幽暗就會悄然消逝。寬容是一味良藥，心寬一寸，病退一丈。人有了慈悲之心，就會變得善良。心地善良，心就寧靜。寧靜的心不會極喜、極怒、極憂、極悲、極恐、極驚。善心猶如春雨，默默地滋潤身心，調柔寂靜。人有了慈悲之心，就會充滿愛。愛就像春風，化解冰封，和暖自心，溫潤他心。人有了慈悲之心，就會懂得感恩。心懷感恩，就會平和與謙卑地對人、對事、對一切，心境和諧。

請多觀照自心——嘉樣堪布禪語錄

69

心莫幻迷

如果你擁有一片清淡明晰的心境，即便身處喧囂鬧市、世俗紅塵，亦能感受春風過耳、秋水拂塵的清雅，心不會被幻相所束縛、迷惑。一剪閒雲一溪水，一程山水一年華；一世浮生一剎那，一樹菩提一烟霞。如果你昏昧迷蒙，即便住於絕塵僻壤，心也未必能自在無礙。《正法念處經》云：「由心故作惡，由心有果報，一切皆心作。」

請多觀照自心——嘉樣堪布禪語錄

70

出離心即不執著

出離的意思不是要背離人群，不是逃避責任或躲避義務，它的意思是出離對人們的執著與依附，擺脫對於名利、稱譽、欲望的戀慕與貪執。於人於事親近却不耽著、染污，恰如蓮花的出污泥而不染，心不染於世俗的污泥。

平凡或顯赫，尊貴或低賤，富貴或貧窮，無論怎樣，皆能持平常心，待人觀己，離諸分別，而心懷高遠，恰如蓮花的高貴和純潔。輪迴裏全是無常，不要被虛幻假像所欺惑和矇騙。離諸虛妄方能見真實。

 請多觀照自心──嘉樣堪布禪語錄

71

何心待人得何果

以言語譏諷人，挖苦人，重傷人，那是在播種災禍的種子；以寬容心包容人，接納人，寬慰人，那是在積攢福氣的能量；以勢力壓制人，欺侮人，排擠人，預示著招致怨尤已經不遠了；以道德品行感化人，影響人，打動人，美譽會似水一樣源遠流長。

隨心自在

做人要能隨遇而安，不固執；隨緣生活，不刻板；隨心自在，不耽著；隨喜而為，不生嫉。胸襟寬大，條條都是坦途大路；心意清淨，處處都是淨土菩薩。處事要從恬淡處著眼，不迷於紛繁；生疑處用心，思而後行；拙處力行，勤懇用功。做事大處要有魄力，小處要能細心，難處要肯忍耐，瑣碎處要能耐煩。做何事都要持之以恒，善始善終。做善事要但求發心清淨利他，行持無著無染。

請多觀照自心——嘉樣堪布禪語錄

72

安住心的本性

幸福是一種心理狀態。它不流於表面，而是存於你的內心。找尋內心的寧靜，遇見真實的自我，幸會幸福。戒能生定，定能生慧。單單平靜內心還不足以見到萬法的真。於定中生發「無我」的慧，那個是見到萬法實相的真智慧。無我，意即無有自性。一切因緣和合，緣起性空，是心的本性。安住於心的本性，是究竟的安樂。智不住三有，悲不住涅槃，是究竟的幸福。

 請多觀照自心——嘉樣堪布禪語錄

看清一個人不必一定要去揭穿；討厭一個人不必非得翻臉。各人有各人的習氣，各人受困於各自的業力。因緣有好與惡，也有遠與近。與人為善，了結往昔惡緣，培栽今後善緣，一切都是好因緣。人的成熟不是年齡，而是懂得了放棄，放棄追逐虛幻相的欲望，讓心有知足的富裕，給心鬆綁和解放；學會了圓融，事理無礙，事事無礙；知道了不爭，不爭便是慈悲。最大的修行是省察并對治自心的貪、嗔、痴、慢、疑五毒煩惱，采用避開、轉化、轉為道用或看透它們的真實面目，無論哪個方法都好，只要能對治，哪一個方法最適合自己的根器、最適合當時的自己，都是好的、正確的方法。

請多觀照自心——嘉樣堪布禪語錄

心如水

好話聽了不驕，壞話聽了不嗔、不順耳話聽了不躁。胸懷坦蕩，順耳能容言。容言是力量，傾聽別人需要勇氣。容言是智慧，耳順緣於能容的心。容言是耐心，心慈如水，消融萬千冰。易做的事踏實地做，艱難的事耐心地做，不順心的事快樂地做。高瞻睿智，心量能容事。做任何事，不因其易而輕視，不因其苦而放棄，不因其難而退縮，不因有功而自傲，不因無過而自喜。做好自己該做的事，一切都是好事。平常人真誠心相交，超己者虛心相交，劣己者平等心相交。清淨平等，胸襟能容人。高不諂媚，低不輕蔑。不心懷功利，不以貌取人。心平如水，澈可照人，人人都是貴人。

請多觀照自心——嘉樣堪布禪語錄

養心始於深信因果

自我修養的道理，沒有比養心更難的了。心裏既然知道有善惡，却不能盡力行善除惡，這是缺乏勇氣勇於踐行的表現，更是因對因果善惡沒有真實誠信所致。內心是不是自欺，別人無從知道，但因果無欺，業力如影隨形。養心，始於深信因果。

心念如樹根

事本無好壞，好壞在於一念間。做個聰明、樂觀的人，凡事往好處想，以歡喜的心想歡喜的事，以積極的心行正確的路，自然成就歡喜的人生，行於正確的道路，得到圓滿的結果；不要成為愚痴的人，凡事都朝壞處想，以苦惱的心想苦惱的事，以偏狹的行於錯誤，終成煩惱的人生，一步錯、步步錯，得到痛苦的結果。事本無好壞，好壞在於一念間。有些事，看似為善，以惡念行之，實則為惡。有些事，看似不善，以善念為之，實則是善。善事發善念行，一定是善，惡事以惡念行，一定為惡。心念如樹根，良藥的根一定生良藥的枝葉，毒藥的根一定長有毒的花果。

請多觀照自心——嘉樣堪布禪語錄

有人幸福，有人不幸，看起來都是外在的因素，實際上，幸與不幸，唯人自招！無論是世間的幸福還是出世間的幸福，是因經營自心而得來。幸福來自積聚善的因緣，結善緣，消惡緣；幸福緣於減却欲望，看開、放下；幸福存在於無我利他的過程中，自私少了，為人多了；幸福在追尋幸福的路上，發清淨心、行宏大願。最終幸福之花綻放於善因、善願、善行圓滿時。

請多觀照自心——嘉樣堪布禪語錄

放下心頭累

簡單生活，品味人生本真情味。人生有許多東西可以放下，心頭羈絆太多負累，你便無法浮出世俗的水面看本真風景。只有放得下，才能重拾取。放下額外的，剩留本有的。儘量簡化你的生活，你會發現那些平時被忽略的，才是最美的風景。因為簡單，方能感受到生活中的點滴美好。

認真生活，不留遺憾。人生有很多責任需要承擔，面對應該面對的，勇於擔當。做好是對生活最大的熱愛。人生沒有贏取或失敗，只有業緣、欠債和還債。放下該放下的，擔起應承擔的，坦然面對。儘管人生如夢，仍要在夢中完美自己的人生。簡單生活，坦承面對，終有夢醒時。

 請多觀照自心——嘉樣堪布禪語錄

不幸福的因是無明我執，而生煩惱，而造業，而受苦，而不幸福。所以佛教我們要有智慧，破除無明，看破放下不執著，以利他而減淡甚至消除「我執」，從而幸福，無有煩惱和痛苦。世間的財富富貴、貧賤低劣皆是自己往昔善惡業感召，佛不是一味要求我們一定捨棄一切物質而必須過艱苦的生活，而是強調，一定不能執著於此，心不耽著。一分執著就帶來一分痛苦，放下一分就快樂一分。

心懷善意

人與人之間，從現世的角度看，每個人因經歷、背景、閱歷、文化程度等的不同，而各自有不同的性格、習慣和人生。從因果的角度看，每個人因業力的不同而各方面都不相同。因此說，世間人，趨同的太少，相異的太多。人與人只有在同中求異、同中存異，才不容易產生誤解甚至衝突。如果能心懷善意和努力化解矛盾，胸懷寬大一些，世界也會變得寬廣。

請多觀照自心——嘉樣堪布禪語錄

把清淨請到心裏

人之所以有煩惱，是因為心地不淨。不必把太多東西請進生命裏，讓生命承載不起而枯萎低迷。得遇真愛，學會感恩；對於所愛，學會付出；對他人的怨恨，學會原諒；給予他人的傷害，學會道歉；遭遇嫉妒，學會低調；心生嫉妒，學會轉化；與人有隔閡，學會溝通；對他人所處境遇，常懷理解。

幸福在心

幸福不在房子的大小，而在家人的和睦、互助、互愛；幸福不是出門豪車，而是平安歸家；幸福不是存款多少，而是內心踏實不浮躁；幸福不是成功時聽到的熱烈喝彩，而是失意時依然能不離不棄。幸福不是物質，物質的幸福不是真正的幸福，真正的幸福一定超越於物質，幸福在心。

請多觀照自心——嘉樣堪布禪語錄

82

修行最終是修心

修行是修身、語、意三門，而身、語的修持終究是歸結為心。心是身、語無法取代的，修行最終是修心。從未受過馴服的野馬，會恣意而為。自己的心如果從未采取有效的方法讓它調柔寂靜，在欲望的支配下無止無休地向外追逐、攀緣，就如同未馴服的野馬。只有通過有力的方法訓練，才能讓這個野馬般的心變得調柔、自在、自然，而獲得禪定和智慧的功德。

請多觀照自心——嘉樣堪布禪語錄

83

找好「心」的位置

每個人的根器不同，成就的方式和速度也不盡相同。比如上等根基的人很容易開悟，開悟的方式甚至是令人意想不到的，可能在某一剎那一下子就達到了某個境界，就開悟了。但是保險起見，我們要把自己看作中下根基者，而事實上也是如此，當今絕大多數人甚至全部人都是屬中下根基者。既然如此，按照與中下根基相應的方法——依出離心、菩提心、空性慧的次第依次修持——是最適合的，也是對自己最有裨益的。如果硬是要用相應於上等根基的方法，只會適得其反，法與修持者根基不相應，再怎樣修也很難生起覺受和證悟，就如同一個病人，藥不對症是起不到治病效果的。

請多觀照自心——嘉樣堪布禪語錄

心簡單，行也簡單

不嗔、不貪、不痴、不慢、不妒，做個簡單的人。簡單是一種智慧。懂得看破和超越許多別人不能看破和超越的東西，會出生一個全新的自己。「簡單」的過程是讓自己脫離繁雜的物誘世界和自我局限與束縛的修行過程，是一種讓心境越來越清澈、純淨的過程。心簡單，行也簡單，外面無論如何熙攘，內心不會嘈雜和喧鬧。

請多觀照自心——嘉樣堪布禪語錄

安心當下

再長的路，一步步也能走完；再短的路，不邁開雙腳也無法到達。聞思如同雙眼，修行是在行走。眼睛辨明方向，腳步踏上道路，遲早能到達目的地。不要讓太多的昨天佔據了今天，過去不可得，昨日不復來，珍重當下，不滯，不黏。

不要讓今天丟失在對明天的妄想中，無論是妄想還是明天，都如昨日一樣了不可得，安住當下，寂滅妄想。放下浮躁，放下懶惰，放下三分鐘熱度，放空禁不住誘惑的大腦，放開容易被外物吸引的眼睛，放淡閒聊的嘴巴，靜下心來，好好做該做的事。

請多觀照自心——嘉樣堪布禪語錄

凡夫心與聖賢心

榮華花間露，富貴草上霜。世間事物，沒有一樣是恒常。貪執唯一帶來痛苦。貪婪是最真實的貧窮，滿足是最真實的富有。凡夫的心用有限的錢財去計量，聖賢的心則以無盡的因緣去愛惜。

不亂於心

面對人生煩憂，不亂於心，包容而睿智，這樣的優雅不是刻意的雕琢，是因具有看破的慧眼。面對時光荏苒，不困於情，隨和而不染，這樣的情懷不是無情，是因擁有超然物外的智慧。面對生命起伏，不惑於世，堅強而安謐，這樣的氣度不是冷漠，是因不迷惑於妄相。這樣的人生是一種過濾，將虛妄從幻境中濾除，顯露生命的本真。

 請多觀照自心——嘉樣堪布禪語錄

87

從心尋找

一個人內心怎樣看待自己，在外界就能感受到怎樣的眼光。同時，這個實驗也從一個側面驗證了一句西方格言：「別人是以你看待自己的方式看待你。」不是嗎？

一個從容的人，感受到的多是平和的目光；一個自卑的人，感受到的多是歧視的目光；一個和善的人，感受到的多是友好的目光；一個叛逆的人，感受到的多是挑惕的目光⋯⋯可以說，有什麼樣的內心世界，就有什麼樣的外界目光。如此看來，一個人若是長期抱怨自己的處境冷漠、不公、缺少陽光，那就說明，真正出問題的正是他自己的內心世界，是他對自我的認知出了偏差。這個時候，需要改變的，正是自己的內心；而內心的世界一旦改善，身外的處境必然隨之好轉。畢竟，在這個世界上，只有你自己，才能決定別人看你的眼光。

一位作家說過一句

請多觀照自心——嘉樣堪布禪語錄

話：「親愛的，外面沒有別人，其實只有你自己。」以佛教的觀點，外境是心的顯現。你有什麼樣的內心就會有什麼樣的世界。所有的外境，無一不是內心的顯現。我們往往花大力氣去瞭解別人，認識別人，却很少花精力去瞭解自己，認識自己和想辦法改變自己。心友善，則任何人都友善。心向善，則一切都美好。心清淨，則境清淨。心慈悲，則所見都是佛菩薩。

一個內心煩躁的人縱然身處幽靜也是狂躁不安的，一個內心清淨的人雖然身處鬧市，他的世界還是清淨的。無論是追求幸福、寧靜、安全……到自己內心去尋找吧，那裏有無窮無盡的資源和能量。

請多觀照自心——嘉樣堪布禪語錄

善心對待一切

人生路上，要學會善待他人。與人為善，發好心，結好緣，路越走越寬。更要懂得善待自己，從善如流，福從中出，慧以此長，心境越來越安適。無論是善待誰，其實都是溫暖在流轉，都是愛在延宕，最終，施及別人，惠澤自身。

在順境的時候，想著去善待他人。已順，示人以平和；已達，示人以謙恭；已喜，示人以樂觀。或至少可以做到不張狂、不招搖、不炫耀。善待，可以是一個親切的姿態，或一種溫和的態度。處於逆境的時候，要懂得善待自己。誰都會遇到困難，誰都會遭逢坎坷，生命的河，不光有灘涂，還有暗礁和險灘，繞不過時，不妒、不惱、不起惡，從容面對即是善。再大的險暗，都是明天的風景。

逢遇悅意的對境時，當視其若雨後彩虹，縱然美麗曼妙，然而了然無實，莫貪執。遭遇不幸痛苦時，莫悲戚，一切如同於夢中失去摯愛，不必悲戚和苦惱，莫捆縛幻境，疲倦身心。超然物外，而又懂得善待，是人生最高境界。

請多觀照自心——嘉樣堪布禪語錄

用心轉無常事

世間事，禍福、得失往往難以預料，有無、好壞也并非絕對，因為無常。遇事，如果能換個角度想，總能從窘境中找到希望和突破；逢人，如果能以對方的立場考慮，總能在僵局中圓融與和諧。當遇到無理的人時，若躲不過，不妨做個容忍。當聽到流言中傷時，若避不開，不妨讓自己不去理會。當看到別人受難時，若有力量，不妨給予體恤。當遭遇不幸時，若已發生，不妨鼓勵自己勇敢和堅強。因為，一切無常。

請多觀照自心——嘉樣堪布禪語錄

拓寬心胸

心胸寬廣，不是指能裝下不同的自己，而是指可以包容下不同的他人。旋馬之地，接納他人無數，一定是最善良的心。愛惜他人，愛惜自己，愛惜緣分。學會寬恕，學會退上，學會取捨。

從凡心到佛心

凡夫之心常有妄想、攀緣、是非、惡念、自私、執著、愚痴等各樣妄動和負面。以慚愧和懺悔之心，時時反省自己、要求自己；以歡喜心來包容；以隨喜心來接收和接納別人的一切好，不見他人過；以如如不動心安住，不隨境轉，不逸散妄動；以智慧心，明辨是非、善擇因果；以果斷的心，斬斷煩惱習氣。以此種種正面和正動的心去對治，久而久之，凡夫心便可以觸碰到佛心。

請多觀照自心——嘉樣堪布禪語錄

對治自心

不要追究先前的痛苦，一切事物，不管孰好孰壞，都已經是過眼雲烟了。不要預料未來的痛苦。不管現在你遭受何種痛苦，不要讓步，要再再地鼓起勇氣。不管怎樣，如果你不想辦法對治自心，痛苦是永不會止息的。將心安住在本然的境界中，不造作、不自溺，柔軟地轉心向善。柔軟是因有慈悲。先有慈悲心，後能進入靜心。靜心就是對情感不執不捨，對五欲不拒不貪，對世間不厭不求，對生死不懼不迷。超離對一切幻象的執著，也就擺脫了束縛，回歸自在安然，無苦無惱。

 請多觀照自心——嘉樣堪布禪語錄

內心知足真富貴

《佛遺教經解》裏這樣說：「汝等比丘，若欲脫離苦惱，富觀知足。知足常樂，即是福樂安穩之處。知足之人，雖臥地上，尤為安樂；不知足者，雖居天堂，亦不稱意。不知足者，雖富而貧；知足之人，雖貧而富。不知足者，常為五欲所牽。」內心知足真富貴，不要被各種欲望勾召、牽絆而失去了本要得到的東西——安樂。

平常心不平常

人生中，有時風雨，有時晴空，會遇見彩虹，也會經歷陰雲密佈⋯⋯人生無定式。當經過了繁華，會發現平淡最真。正值低谷，會發現平靜最難。站在高峰，會發現放下不易。大多時候，人生不會一成不變——未必總是坎坷，也未必總能順利。不管境遇如何，告誡自己持平常心。學會釋然種種的不盡如人意，或許你會感受到別樣的輕鬆與知足。多一分灑脫，少一分抱怨，多一分悠然，少一分自傲，讓自己於豁達中感悟生命，解讀生活。人生苦短，不要虛度了光陰，纏綿在情緒裏；人生難得，不要浪費了時光，受困於環境中。做正確的事，坦然愉悅地度過歲月。

請多觀照自心——嘉樣堪布禪語錄

駕馭自心

被情緒所左右，被外境所亂心，這樣一定太累。人最大的敵人不是別人，而是自己。能够自在駕馭自心，一定鬆弛而歡喜，不會累。只有戰勝自己，才能戰勝困難，只有征服自心，才能隨緣自在。灑脱不在外，而是煩惱被折服後的輕鬆，欲望被化解後的清淨。

遇事，先冷靜。觀一切外境，不過是心的顯現，猶如夢境，并非真實有。再觀心，念念生起，無來、無住、無去。心，它也是空性。如此，執著不再。如此，必定自在。自在了，也就快樂了。

請多觀照自心——嘉樣堪布禪語錄

點亮自己的心燈

生活就是這樣，不如意事十有八九，但我們可以不看八九，而常看一二。我們改變不了生活，可以改變自己，而生活會因此而改變。生活其實很寬容，因為一切的選擇在自己。我們可以選擇不生活在對別人幸福的羨慕裏。與其仰望他人的輝煌，不如親手點亮自己的心燈，揚帆遠航，積極面對和爭取，幸福在自己手上。

每個人都有自己的路要走，每個人都有自己的苦痛要承受。痛了，給自己一分堅強；失敗了，給自己一個目標；跌倒了，在傷痛中爬起，給自己一個寬容的微笑，繼續前行。我們可以不選擇低頭苦悶和消沉，而是滿懷樂觀和感恩。只有昂首走路，才能欣賞到周遭的風景和遠處的風光。

一生輾轉千萬裏，莫問成敗重幾許。得之坦然，失之淡然，才會更深刻地解讀自己。向太陽就是快樂，不必問是否春暖花開。我們可

請多觀照自心——嘉樣堪布禪語錄

以選擇不顧影自憐，而
可以選擇為別人的精彩
而投入地笑一次，忘却
自己；給弱勢者真心的
幫助，投入地愛一次，
忘却自己。快樂面對
便是精彩，生活中，你
何嘗不是別人眼中的風
景！

觀心就是修止

如何息滅妄念呢？當你一心想要斷除妄念時會發現，妄念反而會越來越多，當你看它生起的時候，它却消逝無踪。在那無念的間隔，正是心的自性。這時只需當下安住，保持覺知。那種狀態維持的時間或許很短，可能一兩秒心就又開始散亂，妄念又再生起。這時像前面一樣，再次去觀照妄念，妄念又再次不見……如此反覆串習，是一種很好的修止之法。

 請多觀照自心——嘉樣堪布禪語錄

誘惑就像美麗的罌粟花，洋溢著絢爛和芬芳，於是，很多人明知是毒藥，仍落入它的圈套，熱烈地想要擁有而不能自拔，而墮入陷阱，而遭受慘痛。衡量一個人的智慧，不僅在於他的能力，更在於不為誘惑所動的定力。佛陀這樣對我們說：當你的心停止渴望，那麼食物、財富與各種享受都將自動積聚而來；當你在生命中清淨奉行教戒時，你的心將會變得調柔有彈性；當你沒有任何野心或欲望時，資糧將自然而然地圓滿；當你瞭解輪迴的特性時，你的心將會轉身離開世俗的追求。

心生羨慕不如做好自己

與其羨慕別人，不如做好自己。膚淺的羨慕，無聊的攀比，笨拙的傚仿，只會讓自己成為他人的影子。盲目的攀比，不會帶來快樂，只有隨之的煩惱；不會帶來幸福，只會讓人痛苦。與其虛度人生，不如善用光陰。揮霍時光是浪費不起的奢侈。生命，越努力越幸運。朝著對的方向前行，越走越幸福。

俯仰是一種心態

把自己抬得過高，別人未必仰視你。傲慢的山上，留不住功德的水。把自己擺得過低，別人未必尊重你。沒有人是完美的，無須遮掩自己的缺失。做人要能抬頭，更要能低頭。一仰一俯之間，不僅是一個姿勢，更是一種心態、一種品質。作為修行人，要解行並重。對萬法的見解應比天高，對因果的抉擇應比粉細。緣起空性見與慎擇因果，是一不是異。

 請多觀照自心——嘉樣堪布禪語錄

修行實際上是不需要分時間、地點的，隨時隨地提起正念，觀照自己身口意三門不放逸、不懶惰、不為惡。常常於行、住、坐、臥時提醒自己：不要忘記上師，時刻至誠祈禱；不要忘記自心，時刻觀照本性；不要忘記死亡，時刻觀修無常；不要忘記眾生，時刻迴向祈願。串習久矣，則法入於心，善美日現。這樣做觀照和修行，完全不會與生活和工作相矛盾，所謂佛法入世間，不離世間覺。

好心相待今世緣

人生的路上，珍惜一起看風景的人，不管是親人還是路人，甚或是仇人。或許在下一個轉角，便會揮手告別，或許在下一世彼此又會相逢。但那時的你我，大多早已忘記前世恩與怨，也記不起前塵的苦與甜。所以，今生，請珍惜一起看風景的人，好心相待，結下善緣。

靜心即美真

生命的旅途總會有分分合合，光陰的轉角總會有來來去去。時光跌跌撞撞，生命浮浮沉沉，不要被紛擾的外境迷離了慧眼，一個輪迴迎著一個輪迴。一顆心能容下多少悲喜，一段光陰能包容多少曾經。不要被躁動的浮華掀起無盡的漣漪，擾亂沉靜的心湖，一波未平，一波又起。不染的、沉靜的心，能映出最美、最真的自己。靜默裏，幻影再不能欺騙和愚弄智慧的你。

 請多觀照自心──嘉樣堪布禪語錄

無心無為方能自由自在

世間一切無不因緣。人生不能擁有什麼，只是經歷什麼。有緣必來，來則不推，好也罷，歹也罷，歡迎；無緣不遇，求也無益，期也罷，盼也罷，目送。隨緣自在，自在隨緣，放下不累，耽執煩憂。一切順其自然。識自本心，見自本性，不逐妄念，無心無為，自由自在，動靜自如，冷暖自知，當下就是修行。平靜來自內心，勿向外求。花開有聲，風過無痕。坐亦禪，行亦禪，緣起即滅，緣生已空。眼前的，好好珍惜；過去的，坦然面對；未來的，不自妄想。

請多觀照自心——嘉樣堪布禪語錄

心變一切變

　　一個小夥子，滿心憂愁地來拜見師父。

「師父，我真是沒福報，在哪裏學佛都遇到很多違緣。」小夥子憤憤地說，「我想要好好地修行，可是在單位上班，沒有條件。在家裏，家人反對，也沒有條件。而且他們都不理解我，處處和我做對，簡直沒法待下去了。我想離開現在的環境，找個清淨的地方閉關，這樣我一定能修好。師父，您幫我看看可以嗎？」小夥子一臉的不快。

　　師父并沒有急著回答問題，而是將一杯水遞給小夥子，說：「你看杯子裏的水，你要把水當作老師，好好跟它學習。」小夥子一頭霧水：「跟這杯水學習什麼？」

　　師父溫和地說：「你看，無論把水倒進什麼形狀的容器，水都沒有想著去改變容器的形狀，或者抱怨任何的容器，而是讓自己去適應每一種容器，然後和諧、完美地容納其中。修行也要這樣，并不是要去逃避現實，而是融合社會，適應環境，學會改變自己的凡夫心為佛菩薩的心。心改變了，處處都是道場。」

 請多觀照自心——嘉樣堪布禪語錄

105

早晚省察自心善惡

如果每天早、晚能養成兩個習慣非常好。每天早上醒來，懺悔夢中所造惡業；發菩提心并提醒自己這一天不造罪業。每天晚上臨睡前，回想白天的所思所為，反省自己的善噁心念，為惡念和惡行懺悔，為善念和善行隨喜。在每次自己決定什麼該做或不該做之前，如果養成省察自心的習慣非常好。省視自己細微的心態和意圖，它們是自私、我執的，還是利他無執的，即所謂是善或是惡，這很重要。

請多觀照自心——嘉樣堪布禪語錄

心不執著即放下

放下、不執著是非常好和非常高明的為人處事之道。於人持以尊重、理解和包容，友好而善意地常做溝通交流，珍惜和照顧好彼此的情誼。於事不敷衍、潦草、馬虎，明晰洞察，慎取因果。放下、不執著是因上努力、果上隨緣，而不是隨彎就勢於自己的煩惱習氣。能够放下和不執著，是因為具有超出對自身及環境局限的認識，具有大智慧。放下、不執著是為善緣具足而積極爭取的進取態度，和對於已經發生的結果放得下的灑脫。

請多觀照自心——嘉樣堪布禪語錄

人心之法即為上法

漁民說，觸礁傾覆的船比被颶風掀翻的船要多。人生的許多關頭，不在於抗風雨，而在於補漏洞。守持戒律，在於持戒不犯，更在於發露所犯、勵力懺悔。園丁說，不是所有的花都適於肥沃的土壤。沙漠就是仙人掌的樂園。人生的許多成敗，不在於環境的優劣，而在於你是否選對自己的位置。學修佛法，法無高下，法正對治自心煩惱，法入於心，即為上法。山民說，艷麗好看的蘑菇往往有毒，苦澀的野菜常常敗火。人生的許多智慧，不在於觀察，而在於分辨。因果的取捨，非據自心感覺與喜好，應以善惡為準繩。佛說，我不在廟堂，也不在天邊，就在你的心間。

十種業障遮心光

一，無慚：慚是因有缺點或錯誤而感到不安，羞愧。對自己的缺點或錯誤不以為恥，甚或反以為榮就是無慚。二，無愧：愧是內心對自己所作所為感到難過，若無這種反省就是無愧。三，嫉：對他人的好處、學問、道德、成就、財富、健康、容貌等報以嫉妒。四，慳：吝嗇心。不肯佈施財物以及知識、佛法等惠施於人。五，悔：凡是對自己有利而沒有得到，便生後悔而悔恨的心理。六，眠：睡眠，貪睡。

七，昏沉：頭腦不清醒，迷迷糊糊。八，掉舉：散亂。胡思亂想，想東想西，妄念紛繁。九，嗔忿：心裏悶悶不悅，想發脾氣，看到誰都不對，看誰都不好，看誰都討厭，怨天尤人，只覺自己對，只見自己好。十，覆：做錯了事，想辦法掩飾。心裏不光明，不坦蕩，自己在陰暗中，把光明磊落之心蓋住，所以叫覆。

這十種障礙，糾纏和阻礙自心光明，不見本性實相。

請多觀照自心——嘉樣堪布禪語錄

近代日本國立公眾衛生院平山雄博士研究發現：「素食者嗜欲淡，肉食者嗜欲濃；素食者神志清，肉食者神志濁；素食者腦力敏捷，肉食者神經遲鈍。」素食可有效預防癌症。素食減肥，改善身材。素食也是最有效的美容法。素食可提高智慧。

從佛教的出世間觀點講，以慈悲之心戒殺吃素具有很大的功德，梵網經說：「夫食肉者，斷大慈悲佛性種子，一切眾生見而捨去。」

食素者，一方面，可以減少和杜絕殺生。另一方面，食用肉食者，在一些小的旁生比如螞蟻、昆蟲、貓、狗等看來，此人如同巨人羅剎，它們見了十分恐懼害怕，就好像有些膽小的人對電閃雷鳴的那種恐懼。因此，以素食長養慈悲心。

請多觀照自心——嘉樣堪布禪語錄

放手才放心

沒有什麼是不能放手的。回望昔日，你會發現，曾經難割難捨的、曾經佔據身心的、曾經極為重要的、曾經以為無法放手的，如今，或許已無足輕重，或許只是個淡淡的回憶，或許早已經忘記。所執著的情或物，已如昨日塵埃般飄散，如日影西斜般走遠，剩下的，是因執著而生的煩惱，因煩惱而造作的罪業和因罪業而成熟的痛苦。執著如同慢性毒藥，它們未必即刻顯露痛苦的真面讓你發現，而是狡猾地偽裝成快樂，讓你越陷越深。當下醒悟，勇於放手，快樂、自在！

請多觀照自心——嘉樣堪布禪語錄

好心好福氣

養心不在外，好心，好福氣。平和不貪婪，心就不會累，常感知足，常生感恩，常生喜悅。樸實惜物，心就不會勞。向外求勝，神傷。向內求安，不迷。心安即定，定生則福慧生。低調不張揚，心就不會散。外散易失，內斂養慧。韜光養晦，魔障不擾。真摯豁達，心就不會狂。曉人情，明事理，他人敬信。不苛刻，不欺誑，自心舒爽。

利他心行必利己

每天，都努力讓它有意義，不只為自己，也為他人的福祉而發奮。佛陀在《四十二章經》中說：「逆風揚塵，塵不至彼。」無論你利益到誰，從長遠來說，都是利益自己，無論你傷害到誰，從長遠來說，都是傷害自己。或許現在并未覺知，但遲早它會轉繞回你這裏。因為，因果一直都在。凡是你對別人做的，就是對自己做的。你讓他人經歷什麼，你帶給他人的是什麼，終有一天自己將經歷於此，自己將得到於此，并且，千倍萬倍於此，業增長故。從你造作它們起，它們就一直暗自增長，直至成熟、消盡。

請多觀照自心——嘉樣堪布禪語錄

痛苦從執著心而來

無論是暫時的痛苦，或者永久的痛苦，人人都不想要，可是在不想要痛苦的情況下，又必須無奈、無自主地承受眾多的痛苦，是什麼因緣所感呢？是無明愚痴所造成的。無明是痛苦的根源。無論接觸任何外境，對於可愛的就產生貪，對於不可愛的就產生嗔，為什麼呢？因為我們看待事物，都感覺是從境上真實存在，從它本身自性而有，這就是無明。繼而，內心便去執著它，好的覺得完全的好、真實的好，感覺不好的，就是真實的壞，而產生貪嗔。

而事物的真實本質是什麼呢？是緣起空性。一切法皆是因緣和合而產生，由因緣而生，由因緣而滅。你所感知的一切，并非如你自認為的那樣實有。不是從境上產生好壞，那只是顛倒分別心的執取而已。破除無明，你就不會再生起真實的執著，貪嗔自然就不會產生了，從究竟處斷除了痛苦。

請多觀照自心——嘉樣堪布禪語錄

微笑是最有力量的表情，能夠消彌隔閡和仇視。所以，常常保持善意、友好的微笑，世界也會燦爛。善良是最有力量的胸懷，能夠退卻醜惡和凶暴。所以，一直擁有善良，陽光不到的地方也是溫暖的。慈悲是最有力量的心念，能夠化惡為善。所以，發願慈悲為懷，三界也是淨剎。智慧是最有力量的能力，能夠無誤取捨。所以，培植智慧，輪迴即涅槃。

請多觀照自心——嘉樣堪布禪語錄

放下就是去除心的執著

學會放下。所謂的放下，就是去除分別心、是非心、得失心、執著心。不隨貪、嗔、痴起煩惱，造罪業。放下是因為了悟，是智慧，是大度，是自在。唯有放下，才能釋放自我，自由快樂，解脫束縛。

學會寬容。寬容是豁達，是理解，是尊重。因為內心強大，所以寬容。而強大的內心緣於慈悲。寬容的人坦蕩，無私無畏，無拘無束，不染纖塵。寬容不是無原則地放縱，也不是忍氣吞聲、逆來順受。寬容是有益的生活態度，是睿智安忍，是大度的包容。學會生起智慧。智慧如燈，能滅千年痴暗。智慧能讓你正確取捨，遠離痛苦煩惱。智慧能讓你放下欲望，不再輪迴。智慧能讓你認識本心，安住寂然本性，不生不滅，不垢不淨，慈悲喜捨。

請多觀照自心──嘉樣堪布禪語錄

心煩意亂的時候

心煩意亂的時候發脾氣，是不明智的選擇。情緒的宣泄也許會讓自己得到短暫的舒緩和釋放，却會對彼此造成長久的傷害。不管發脾氣的對象是最在乎和關心你的人，還是普通人，甚至是陌生人，也許一個轉身，原本熟悉、親密或友好的兩個人，從此永不相見，形同陌路，甚至埋仇結怨。人生沒有如果，過去的不再回來，回來的不再完美。

心煩意亂的時候，以正確的方式疏通，是修煉，也是修養。學會調節自己的心情，不要因為別人的在乎而放縱自己的情緒，不要因為別人的真愛而肆意地宣泄自己的心緒，也不要把自己或別人的過錯變成負面的情緒懲罰自己與他人。

常懷感恩，感恩一切人，一切事，無論是好是壞，是他們成就了自己的今天，一切都是最恰當的好。常懷友善，不管是誰，他都是自己生命中注定的緣

 請多觀照自心——嘉樣堪布禪語錄

117

分，是最恰當的相遇。

常懷柔軟慈悲，無論善惡、好壞，都是最恰當的存在，安之若素。一切，因為世間有輪迴，善惡，好壞，親怨，皆不定。存在的，都不是孤立的一個因，而是眾多繁複緣。夢裏一切有，醒來轉頭空。

幸福是心的感覺

生活中不缺幸福，缺的是發現和創造幸福。愚者以為幸福在遙遠的彼岸，聰明者懂得將周遭的事物培育成幸福。幸福是心的感覺，幸福與哀愁往往會同時敲響心門，把誰邀請進來，就將與誰同在。

不幸往往源於自己，煩惱往往源於比較，痛苦往往源於不知足。知足如點金石，可使接觸的東西變成黃金，就是幸福。生活原本沒有痛苦，有了欲望，痛苦就來纏身。在心中尋找和平的人，是最幸福的人。

請多觀照自心——嘉樣堪布禪語錄

學會看見美。世間雖沒有十足的完美，但以美好的心去看，欣賞到的總不會很醜。

學會看見善。世間雖沒有絕對的善，如果自己心中裝著善，世界總不會遍佈惡。

學會看見愛。愛我執讓人處處自私，如果忘記一切從自我出發，就學會了愛，也能得到愛。

學會謙虛。三人行必有我師。不輕視任何人，不妄自尊大。善於看到他人長處，學習；善於發現自己缺點，改正。

學會忍讓。不逞一時之氣，不好一時之強。退一步海闊天空。

學會淡泊。志當存高遠，不在物欲的享受和名利的追逐。物欲帶不來長久真實的快樂，却能讓自己如飲鹽水一樣，越享用越貪欲。膨脹的貪欲會驅散內心的平靜祥和，留下不快、空虛、失落和迷惘。

請多觀照自心——嘉樣堪布禪語錄

快樂決定於心態

快樂或痛苦根本不取決於外境，而是源自心的本身。正面積極的心態醞釀快樂，負面消極的心態積蓄痛苦。苦從私心起，佛從利他生。一切痛苦的根本是愛我執，自私心。

快樂從佈施開始，而割捨執著是真正的佈施。自己所不欲的苦和欲求的樂，也都是他人的所想。常能換位思考，愛人如愛己，快樂也會隨之來拜訪。

請多觀照自心──嘉樣堪布禪語錄

仁者心不動

生命如歌，但却沒有永恒的調子，你難以知曉它哪時會起、哪時會落。讓如歌的生命悠悠靜靜地流淌就好。若仁者心不動，若風、若幡，動或不動，又何妨。外境的誘惑、境遇的變故不知何時會來，或者始終都在。不去攀緣，不隨境轉，就是自在。心不動，靜悠永在。

生命如輪，但却沒有不變的方向，你難以駕馭它何時要走，何時該停。讓如輪的生命駛上對了的路就好。輪迴裏有苦厄，有生死，你在那裏既主宰不了生命的去留，又駕馭不了生命的方向。生命變成生老病死的演繹和承受苦痛的載體。讓生命之輪趨向解脫之道吧，了脫生與死地糾纏，揮別煩惱，告別痛苦。

用心經營父母與子女的關係

家庭是真實而切要的道場，你有辦法把與自己父母的關係搞好，把與自己伴侶的關係搞好，還要有辦法把跟孩子的關係搞好。家庭和諧、幸福、健康、快樂、融洽，一切正面的、美好的能量會逐漸從每個家庭成員生起，這些溫暖明亮的能量能够感染和影響周圍的人，博大無染的愛能够傳達和釋放出去。好父母的第一要務是把孩子當作獨立自主的個體。雖然是你把他帶到人間，而且辛苦養育，但那并不意味著他必須屬你。事實上，他誰都不屬。今生的因緣際會令他與你成為父母與子女的關係。你與他都是各自獨立的個體，相互不屬彼此。你們該成為心靈的良師益友，共同成長、相互學習和進步，讓因緣變得更加良善。父母給予孩子愛是天性，但溺愛不但不會很好地幫到他，反而可能適得其反。父母的成長在於調整愛的發心和愛的方式。不執著是最難

得最珍貴的愛。不一味伸出援手代替孩子處理一切問題，或強迫孩子按照父母的意願走所有的路，是良好的愛的方式。給予孩子機會、關心、愛，還有信任，你給予這些越多，生命就長得越好。

你的孩子獨立、有責任感、懂得愛和學會付出愛的時候，你的教育就越成功。今天如果你教育出來的孩子對自己有安全感，對自己的能力有信心，那麼到哪裏他都能靠自己渡過難關。

尋找心性

不經歷千錘百煉而夢想一蹴而就是不現實的。每個粗大或細微煩惱習氣的淨除都需下足功夫。無明除盡，心性顯露。尋找心性的路上，那些你沿途灑下的汗水，那些你暗自回流的熱淚，那些你傾心傳遞的溫暖，悄然凝聚，將在不經意的某一天彙聚成一道彩虹，穿越時空來擁抱你。年來妄念消除盡，迴向禪龕一炷香。

請多觀照自心——嘉樣堪布禪語錄

心清照大千

生命，是一個存在的過程，是一個不以生為始，不以死為終的過程。考驗我們的不只是生死，還有整個的過程。於過程中，我們的心思、行為與言語會深深影響每個起點和終點。

靜一靜，讓心停下追逐凡塵的、匆匆不停息的腳步。心靜了，才能聽見自己的心聲，心清了，才能照見萬物的實相、心的本然。看清了才會正確取捨，懂得了一定要知道放手。

世間事，不甘放下的，往往不是值得珍惜的；苦苦追逐的，往往不是生命需要的。人生的腳步常常走得太匆忙。停下來笑看風雲，坐下來靜賞花開，沉下來平靜如海，定下來靜觀自在。心境平靜無瀾，萬物自然得映，心靈靜極而定，剎那便是永恒。

請多觀照自心──嘉樣堪布禪語錄

真心尊重每個生命

笑人等於笑己，不要笑話別人。尊重別人等於尊重自己，真心尊重每個生命。不輕視和嘲笑任何人。放大自己的長處和別人的短處都是褊狹。錯誤的想法、不健康的心態會帶來錯誤的行為和態度。一個小小的輕蔑或嘲笑，可能要付出很大的代價，彌補心與心之間的距離。傲慢有時不是因為自己真的高人一等、勝人一籌，而是心虛。因為缺少，所以在意，因為不足，所以渴望。放平自己、謙和恭敬，不僅是尊重，也是姿態，是得到，不只有尊重和友善，也是提升和戰勝，更是一次自我療傷。

 請多觀照自心——嘉樣堪布禪語錄

心選什麼就得什麼

選擇親近何種人，你就容易成為何種人。和勤奮的人在一起，你不會懶惰；和進取的人在一起，你不會消沉；與善良的人在一起，你不會惡毒；與慈悲的人在一起，你不會兇殘；與智者同行，你不會愚癡。

選擇怎樣的生活，你就會得到怎樣的人生。如果生活僅以金錢為中心，那人生就是計量單位，勞心費神，情薄誼疏。如果生活是以攀比為中心，那人生就是比賽場，虛榮惱恨，片刻無寧。如果生活以寬容為中心，那人生是廣袤宇宙，自由自在，無拘無束。如果生活以知足為中心，那人生處處圓滿，常常有驚喜，時時皆快樂。如果生活以感恩為中心，那人生是溫暖，處處是回報。

自勉修心

人生的路，溝溝坎坎，也是正常事；生活的味，酸甜苦辣，也是平常情。有些事，順其自然也很好；有些人，隨緣處之也很好。人生路上，不管好的、壞的，遇到了安然處之也很好，平常心，清淨意，不隨不逐，不避不尋。沒有陽光，學會享受風雨的清涼。沒有鮮花，學會感受泥土的芬芳。看到彩虹，觀想如夢幻。聽到掌聲，視為空響聲。想要的多了，是負累。奢望少了，會平和。以微笑的眼睛，能看見更美麗的風景。有簡單心境，能有時常快樂的心情。貪欲、嗔恚、愚痴、傲慢、嫉妒……如果是未經修行和改造的心，這些煩惱會始終此起彼伏地佔據身心，驅散喜悅和寧靜，令身心不安與痛苦。若想快樂自在，必須自勉修心。

請多觀照自心——嘉樣堪布禪語錄

面對無常呵護自心

世間皆無常。無常的力量巨大無比。不論愚昧、智慧、貧困、富裕、有地位、得道以及尚未得道者，都難免於無常。它既非花言巧語，也非美妙財寶；它既非能够撒謊欺詐，也非能够憑力氣爭執。仿佛火在燃燒萬物一樣，無常的存在便是如此。珍惜現在的每時每刻。人很容易被日常生活消磨得麻木和循序不前，對生命不敏感，對自心失掉呵護和觀照，馳散於外境。有必要經常提醒自己，不要忽略和錯過人生中那些最珍貴的因緣和應傾情投入去做的、有價值的事情，與解脫有關的事情。每個人都有一個福袋，你往裏裝什麼，就會得到什麼，命運給你一面鏡子，你對它做什麼表情，它就會回報你什麼表情。

請多觀照自心——嘉樣堪布禪語錄

用心生活

人生沒有花常開，有苦有甜有無奈。於因，盡力；於果，隨緣。人生沒有月長圓，有聚有散有悲哀。合也是緣，分也是緣，放下。人生沒有春常在，有好有壞有傷懷。不喜不自勝，不痛不欲生，平和。不要活在自我的世界裏，盲目自大。不要活在別人的世界裏，隨波逐流。活在當下，不迷失。用心生活，但求真。

請多觀照自心——嘉樣堪布禪語錄

心寬則樂

不要輕易去愛，更不要輕易去恨。記恨最大的壞處，是拿別人的痛苦來繼續折磨自己，把人格弄得越來越扭曲。因為多數人不敢在明處報復，於是都在暗地裏攻擊，不知不覺間，把自己變成了小人。讓自己活得輕鬆些，讓生命多留下些瀟灑的印痕。你是快樂的，因為你有一顆寬容的心。這個世界除了生死，都是小事。何不「笑看人生」。

請多觀照自心——嘉樣堪布禪語錄

誰擋著心的幸福

凡有奢求，必招來煩惱，凡是欲望，必要付出代價。每個奢求的背後，必會等待著更多的奢求，每次貪欲的結果，往往滋養更大的貪欲。於是，在膨脹的欲求中，煩惱追著不滿足，欲望難止步，只是恬靜安寧不見了。每當回首，在路的那一頭，站著自己想要的幸福，在心的這一頭，蜷縮著疲倦和不安，原本想得到的和所要追求的漸行漸遠，想捨棄和遠離的却與自己始終相伴。追尋幸福，欲望當止步。

請多觀照自心——嘉樣堪布禪語錄

治心之法即為上

園丁說，不是所有的花都適於肥沃的土壤，沙漠就是仙人掌的樂園。人生的許多成敗，不在於環境的優劣，而在於是否選對自己的位置。學修佛法，法無高下，法正對治自心煩惱，法入於心，即為上法。佛說，我不在廟堂之高，也不在天際之遠，我就在你的心間。

平靜來自內心

平靜來自內心，勿向外求。花開有聲，風過無痕。坐亦禪，行亦禪，緣起即滅，緣生已空。眼前的，好好珍惜；過去的，坦然面對；未來的，不自妄想。

請多觀照自心——嘉樣堪布禪語錄

凡事依智慧思考

不迷信，不盲從，不固執己見，不故步自封，不一味逞強，不一意孤行，不圖一己私利，不求一時之快。凡事依智者的智慧思考，多從他人的角度考量，有退一步海闊天空的豁達，有進一步皆大歡喜的胸懷。

找好自己的位置

與其羨慕別人，不如做好自己。膚淺的羨慕，無聊的攀比，笨拙的倣仿，只會讓自己成為他人的影子。盲目的攀比，不會帶來快樂，只會帶來煩惱；不會帶來幸福，只會帶來痛苦。認清目前的自己，找到屬自己的位置，走自己的道路，且行且珍惜。

 請多觀照自心──嘉樣堪布禪語錄

超然物外而又善待對境

逢遇悅意的對境時，當視其若雨後彩虹，縱然美麗曼妙，然而了然無實，莫貪執。遭遇不幸痛苦時，莫悲戚，一切如同在夢中失去摯愛親人而悲戚苦惱并無不同，莫捆縛幻境中疲倦身心。超然物外，而又懂得善待，是人生最高境界。

學會釋然

學會釋然生活中種種的不盡如人意，或許你會感受到生活別樣的輕鬆與知足。多一分灑脫，少一分抱怨，多一分悠然，少一分自傲，讓自己在豁達的心態中，感悟生命，解讀生活。人生苦短，不要為難了自己，受牽制和困縛於情緒。人生難得，不要浪費和虛度在光陰裏，做正確的事，坦然愉悅地過歲月的河，去解脫的岸。

請多觀照自心——嘉樣堪布禪語錄

及早倒掉鞋裏的沙子

長跑的人鞋裏進了一粒沙，沙子很小幾乎覺察不出，於是他決定到終點再倒出沙子。跑久了，脚開始磨得厲害，他仍不想停下來，最後嚴重到舉步維艱，不得不中途退出。很多問題最初也許像粒細沙一樣微小，但若未及時解決，日後也許會發展成致命的大麻煩。停頓有時未必是浪費時間，不顧一切未必真能堅持到終點。

勿為外緣所困

別為小事去計較，別為錢財去煩惱，別被貪欲所籠罩，別被情緒所困擾，別和他人去比較。生命中還有很多值得你去譜寫的篇章。

請多觀照自心——嘉樣堪布禪語錄

常給心靈洗個澡

活在當下便是禪，珍惜當下結善緣。人生不如意事常八九，不看八九，常想一二。

常給心靈洗個澡，雜七雜八的灰塵都去掉。學會簡單生活，簡單無負累。

將心安住於本然境界

不要追究先前的痛苦，一切事物，不管好壞，都已經是過眼雲烟了。不要預料未來的痛苦。不管現在你遭受何種痛苦，都不要讓步，要一再地鼓起勇氣。不管怎樣，如果你不想辦法對治自心，痛苦是永不會止息的。將心安住在本然的境界中，不造作，不自溺，柔軟地轉心向善。

請多觀照自心──嘉樣堪布禪語錄

換位思考天地寬

世間事，禍福得失往往難以預料，有無、好壞也并非絕對，因無常。遇事，如果能換個角度想，總能從窘境中找到希望和突破；逢人，如果能站在對方的立場考慮，總能在僵局中圓融與和諧。

逆境善待自己

處於逆境的時候，要懂得善待自己。誰都會遇到困難，誰都會遭逢坎坷。生命的河，不光有灘塗，還有暗礁和險灘，繞不過時，不妒、不惱、不起惡，從容面對即是善。再大的險暗，都是明天的風景。

 請多觀照自心——嘉樣堪布禪語錄

順境善待他人

在順境的時候，想著去善待他人。己順，示人以平和；己達，示人以謙恭；己喜，示人以沉靜。即使沒有那麼高的境界，至少可以做到不張狂、不招搖、不炫耀、不爭勝。善待，有時候，就是一個親切的姿態，就是一種溫和的態度，就是一種平和的心境。

承擔應然放下坦然

認真生活，不留遺憾。人生有很多責任需要承擔，面對應該面對的，承擔、做到、做好是對生活最大的熱愛。人生沒有贏得或敗北，只有業緣、欠債和還債。放下該放下的，擔起應承擔的，坦然面對，儘管人生如夢，仍要在夢中完美自己的人生。

請多觀照自心──嘉樣堪布禪語錄

苦是人生路上的鵝卵石

苦對於每個人都是一定會經受的，它對任何人都是平等的，只不過每個人所經歷的痛苦方式各不相同罷了。苦就如同鋪路的鵝卵石，人生的路上，鋪滿痛苦的卵石，想躲避或想繞過，通常是天不遂願。當你從容面對和坦然接受，并放下對外物的貪婪和欲望、嗔恨和嫉妒、佔有和控制，那時你將會發現，人生已悄然改變。

請多觀照自心——嘉樣堪布禪語錄

作惡如逆風揚塵

一個人如果常做惡事，傷害無辜，終究會果報還諸自身，自作自受，就像逆風而起的灰塵，終究還是會撲向自己的臉上。遠離嗔恨損害得安樂，拋棄傲慢嫉妒得喜悅。

不是放　而是放下

世間的財富富貴、貧賤低劣皆是自己往昔善惡業感召，佛不是一味要求我們捨棄一切物質必須過艱苦的生活，而是強調，一定不能執著於此，心不耽著。一分執著就帶來一分痛苦，放下一分就快樂一分。

請多觀照自心——嘉樣堪布禪語錄

心量能容事

容易做的事踏實地做，艱難的事耐心地做，不順心的事快樂地做。高瞻睿智，心量能容事。做任何事，不因其易而輕視，不因其苦而放棄，不因其難而退縮，不因有功而自傲，不因無過而自喜。做好自己該做的事，一切都是好事。

成熟就是明捨

人的成熟不是年齡，而是懂得了放棄，放棄追逐虛幻相的欲望，讓心有知足的富裕，給心鬆綁和解放；學會了圓融，事理無礙，事事無礙；知道了不爭，不爭便是慈悲，也是與自己、與外境的和解。

 請多觀照自心——嘉樣堪布禪語錄

143

什麼是真正的幸福

幸福不是擁有財物的量，而是內心歡喜的度；幸福不在於多麼的奢華，而在於內心多麼的坦然；幸福不是容顏的不老，而是笑容的燦爛；幸福不是在成功時得到多熱烈的喝彩，而是失意時依然能不離不棄。幸福不是物質，物質的幸福不是真幸福，真正的幸福一定超越於物質。

一法即得一切法利

弱水三千，取一瓢飲，便能解除乾渴；佛法雖有八萬四千個法門，如果能夠確實奉行一法不違，便能得到利益。

微笑開始每一天

微笑開始每一天。微笑的表情不僅令人愉悅，使人感覺親切，同時還傳遞了友好、怡人和美好的感情。常把笑意帶在臉上，把善意傳達給所有人，分享了自己的愉悅和幸福，令他人歡喜，令自己美麗。

恬淡處事

處事要從恬淡處著眼，不迷於紛繁；生疑處用心，思而後行；拙處力行，勤懇下功夫。做事大處要有魄力，小處要能細心，難處要肯忍耐。做任何事都要持之以恒，善始善終。做善事要但求發心為利他，行持不染著煩惱。

 請多觀照自心——嘉樣堪布禪語錄

無欲心自潔

人貴在能獨善其身，又不恃才傲物，為人處事才能不卑不亢。

天不言自高，地不言自厚。不自作聰明地誇耀自己的才能和實力。

無求品自高，無欲心自潔。

欣賞他人所長

每個人身上都會有優點或長處，學會真誠地欣賞別人，你也會得到別人更多的欣賞。

培養自己的心寬容、友善，以欣賞的眼光發現別人的長處。

請多觀照自心——嘉樣堪布禪語錄

146

隨喜他樂

避免驕慢、嫉妒或嗔怒心的一個重要修持方法是隨喜。無論何時，聽到別人成功，都要隨喜。即使對俗世的成就，也應時時隨喜。換言之，要愛人如愛己。他人得到安樂時，要如同自己得到安樂一樣心生歡喜。

不爭就是慈悲

不爭就是慈悲，不辯就是智慧，不聞就是清淨，不看就是自在，原諒就是解脫，知足就是放下。活在當下、樂在當下、悟在當下。

 請多觀照自心——嘉樣堪布禪語錄

心中無缺是富

心中無缺是富，被人需要為貴。心甘情願吃虧的人，終究吃不了虧，能吃虧的人，人緣必然好，人緣好的人機會自然多。愛佔便宜的人，終究佔不了便宜，撿到一棵草，失去一片森林。心眼小的人，天地無法廣闊宏大。只有惜緣才能續緣，寬容和善待他人，笑看風雲淡，坐看浮雲起。

善與人處

身處社會，置身人群，要學會與各種人相處，理解人、寬容人，適應環境。多看他人長處，多觀自己不足。以人之長補己之短，以己之長助人之短。用智慧和善心，善與人處。

請多觀照自心——嘉樣堪布禪語錄

148

放大他人優點

學會欣賞他人，胸有雅量，善識人，能容人，放大他人優點，忽略他人缺點，這樣既能讓別人感覺自身價值，也能讓自己從中受益，可以達到雙贏效果。

心平才能應緣

平靜是克制浮躁的利器，淡泊是治療寂寞的良方。成大器者，絕非熱衷功名利祿之輩，而是淡泊名利、心無挂礙之人。一個人唯有心胸寬廣，性格豁達，方能縱橫馳騁；若是糾纏於錙銖之爭，必然鬱鬱寡歡，神魂不定。唯有對人對事心平氣和、寬容大度，才能處處契機應緣、和諧圓滿。

 請多觀照自心——嘉樣堪布禪語錄

做人當如水

做人當如水。避高趨下是一種謙遜，奔流到海是一種追求，剛柔相濟是一種能力，海納百川是一種大度，滴水穿石是一種毅力，洗滌污濁是一種奉獻。潤萬物而悄然是無緣大悲，隨形盛器而不失本性是大智。

何為自在

佛法中常常提及的「自在」即自由、自主之意。因眾生的處境都受業力的限制，沒有不死的自由、沒有不病的自由……佛法中所說的自在是指真正的自由、自在、自主，亦即不再受生、受死、受病、受中陰的境界。這亦即超出了煩惱的束縛和枷鎖的解脫自在境界。

請多觀照自心——嘉樣堪布禪語錄

成功人生的三種境界

成功人生的三種境界：冰雖為水，却比水強硬百倍，并且越是在寒冷惡劣的環境下，它越能體現出堅如鋼鐵的特性——百折不撓。水自甘流向低窪之地，哺育了世間萬物，却從不向萬物索取——周濟天下。霧聚可成雲結雨，化為有形之水，散可無影無踪，飄忽於天地之內——無執無縛。

醒悟於幻境

有時，生活就是一種妥協，一種忍讓，一種遷就。并非所有的事情都適宜針鋒相對，鏗鏘有力。多彩的生活既有陽光明媚，也有傾盆大雨。強硬有強硬的好處，忍讓有忍讓的優勢，任何時候都需要我們審時度勢，適宜而為。人生更高的追求和意義應該在於能認清真相，不困於虛幻，能不執於身與境，能醒悟於幻境。

 請多觀照自心——嘉樣堪布禪語錄

富貴自在從何來

唯有寬容、柔和、謙遜有禮、上善若水，才會端莊美麗、清秀動人，多財富且福德高貴。唯有心不慳吝，常以金錢衣物施濟於人，特別是對貧苦者慈憐悲憫，下心含笑，饋贈施與，不貪不嫉不佔用他人財物且廣行善事，才會富貴自在。

溝通的善巧

與老人溝通，多些顧及他的自尊；與男人溝通，多些顧及他的面子；與女人溝通，多些顧及她的情緒；與上級溝通，多些顧及他的尊嚴；與年輕人溝通，多些顧及他的直接；與兒童溝通，多些顧及他的天真。一種態度、一種方式走天下，必然處處碰壁；因地制宜，因人而異，多懷感恩心、寬厚意，才能四海通達。

請多觀照自心——嘉樣堪布禪語錄

善對嫉妒

如果有人嫉妒你，優雅地保持距離，不要用挑釁的姿態；你看麻雀總是嫉恨老鷹，老鷹從不介懷，只是遠遠地飛翔開；如果他非要走近你，冷靜地對待，不種新怨。要知道，很多事必會發生，前塵舊緣，因果不虛。

人生若浮萍

春日才看楊柳綠，秋風又見菊花黃。榮華總是三更夢，富貴還同九月霜。漸漸雞皮鶴髮，看看步行龍鍾。水流如激箭，人生若浮萍。

少點心事何有心病

人的心本來不該滿是欲望、貪念，如果心裏裝太多這些會成為心事；裝得更多時候會成為心病。如果心無挂礙，還原本來清淨的心，那一定是幸福快樂的！

心當若水

上善若水，處下不爭；大智若愚，勿恃聰明；淡泊恬適，明心立志；滴水穿石，貴在堅持；厚積薄發，以柔克剛；海納百川，包容涵藏；戒驕祛躁，平等待人；涵養心性，靜定歸真；心誠則靈，唯德感天；大道至簡，淳樸自然。

請多觀照自心——嘉樣堪布禪語錄

善用心態

以清淨心看世界，以歡喜心過生活，以平常心生情味，以柔軟心除挂礙。大其願，堅其志，細其心，柔其氣。如此過活，自心安，他人適，具情味。

自己是自己的怙主

自己是自己的怙主。不要讓別人的想法決定你的人生。呵護自己的善念，風雨無阻地前行，總能看到風雨後的彩虹，總會有花開見佛的時候。換個角度看世界，世界或許給你不一樣的精彩。

 請多觀照自心——嘉樣堪布禪語錄

誰是世界最偉大的人

征服世界，并不偉大，一個人能征服自心的煩惱習氣，住清淨、平等、覺醒，才是世界上最偉大的人。

等一等靈魂

如果生活與工作的節奏太快，慢點兒，別走得太快，等一等靈魂。誦一部佛經，唱一番心咒，驅散心緒的陰霾，做生命的船長，為人生把握方向，駛向自由彼岸。

請多觀照自心——嘉樣堪布禪語錄

相對而言

離你越近的地方，路途越遠；最簡單的音調，需要最艱苦的練習。

不能輸在心態上

不管昨天發生了什麼，都已過去了，也不會重來，更無法更改。就讓昨天把所有的苦和累都遠遠地帶走吧，生活只有前進沒有後退，輸什麼也不能輸了心態。懷著大愛與希望的心繼續今天的路，帶上體諒、理解、寬容和謙讓，快樂地向美好出發。

 請多觀照自心——嘉樣堪布禪語錄

莫讓心結苦心緒

一件事情的發生，衡量不出一顆心的淡定；而一顆心的淡定，却能影響一件事的解決結果。一個人的深度，衡量不了一顆心的從容；而一顆心的從容，却能彰顯一個人的深度。讓人們豁然開朗的，也許只是一個道理；左右人們心緒的，也許只是一個心結。將心放寬，看破、放下，以一顆平常心應對世間所有的無常。

抓不住不如早放手

世上種種美好與精彩，我們并非都能抓到，既然抓不到，何不早放手，讓它們繼續自己的精彩，讓自己得到安寧與豁達。微笑堅強樂觀豁達地生活，生命有各樣不同的精彩。有些人與事，既然抓不住，何不送一程。

請多觀照自心——嘉樣堪布禪語錄

158

面對苦惱即是良藥

生活并不曾帶走什麼，懂得正確取捨却能帶來很多樂。捨處當即應捨，捨時或許會伴隨些許痛，但再痛也并不可怕，你敢於面對，它就是一種良藥。快樂誰都希望永久，最美的笑容綻放於痛苦的盡頭。

燭光人生最有價值

怎樣的人生更有價值？當我們的人生對他人而言是一支蠟燭，帶來的是光亮而不是黑暗，提供的是溫暖而不是寒冷；對我們自己而言是一支由自己暫時拿著的火炬，而我們能把它燃得旺盛，驅逐掉無明愚痴。這樣的人生是有價值的人生。

 請多觀照自心——嘉樣堪布禪語錄

隨和是一種能力

隨和是淡泊名利時的超然，曾經滄海後的井然，狂風暴雨中的坦然。隨和的人，高瞻遠矚，寬宏大度，豁達瀟灑。隨和的人是謙虛的人，明白「尺有所短，寸有所長」的道理。隨和的人是沒有貪欲的人，懂得控制自己的世俗欲望。隨和需要「不以善小而不為，不以惡小而為之」處事之道。隨和不是懦弱，是一種能力。

不和因果命運爭吵

不必和因果爭吵，因果從來就不會誤人。惡必斷，善當行，應記牢。不必和命運爭吵，命運不過是因果的軌迹。如果不能做太陽，就融進銀河，安謐地和月亮為伴照亮長天；如果不是參天大樹，就沒入草莽，微笑著同清風合力染綠大地。善待生命，不負年華。

人生是條河

人生是條無名的河，是深是淺都要過。輕鬆地對待自己，微笑著對待生活！別人的缺點不要去宣揚和放大，自己的優點不要天天去欣賞和歡呼。

送花先香己

當我們拿花送給別人的時候，首先聞到花香的是自己；當我們抓起泥巴拋向別人的時候，首先弄髒的也是自己的手。諸惡莫做，眾善奉行。

 請多觀照自心——嘉樣堪布禪語錄

廣結善緣

紅塵深處最美的相逢，花枝清漫烟水蒼茫。一個名字一朵花，一段凝眸一天涯。放生時為這些小生命念緣起咒或偈頌：「諸法從緣起，如來說是因，彼法因緣盡，是大沙門說。」種解脫種子，結善好緣分。

生命的真相

生命的美，不在它的絢爛，而在它的平和，平和處見廣大。生命的動人，不在它的激情，而在它的平靜，平靜處見深遠。生命的力量，不在它的喧囂，而在它的寂止，定方能生慧。生命的真知，不在它的枯禪，而在它的勝觀，智慧觀照，方能顯見萬法本如。

心猶如樹葉

寧靜的森林裏，如果沒有風，樹葉會保持靜止不動。然而，當一陣風吹來時，樹葉便會拍打舞動起來。心，猶如那樹葉，當它與法塵接觸時，便會隨著法塵的性質而「拍打舞動」起來。我們對佛法的瞭解越少，心越會不斷地追逐法塵。感到快樂時，就屈服於快樂；感到痛苦時，就屈服於痛苦，它總是在混亂之中。

秋果屬春耕者

不是每一道江河都能流入大海，不是每一粒種子都能成熟發芽，但秋天的碩果一定不屬春天的賞花人，而屬春天的耕耘者。生命中不是永遠快樂，也不是永遠痛苦，在快樂中記得感恩、學會分享，在痛苦中忘記計較、學會思考，這樣無論快樂亦或痛苦，生命裏都有美好。

 請多觀照自心——嘉樣堪布禪語錄

「捨　自我」才能見到自我

誰抉擇了正見，誰就會步入光明。誰致力於踐行，誰就會豁然領悟。誰捨棄「自我」，誰就會見到「自我」。

與生命的當下約會

籠罩最美月光的多是幽靜僻遠的山谷。我們應學會孤獨自己，與生命的當下約會。不攀緣外境的光怪陸離，不追隨逝去之念，不貪戀其好，不嗔恚其惡，不迎接未生之念，不好奇於猜想，不纏綿於追思。單單地只寂靜安住於當下。那是生命富足的時刻，安寧快樂覺悟解脫。佛性就在那一刻覺醒，生命就在那一刻怒放。

請多觀照自心——嘉樣堪布禪語錄

164

真正的快樂

雖然有時候外在的物質也能帶來一定的快樂，但那只是短暫和稍縱即逝的表面的快樂，不是真正的快樂。

真正的快樂是心靈的快樂，是擺脫了情緒和煩惱而自由了的心的笑，是智慧的笑。

佛法是什

佛法是能根本解除煩惱的方法，能轉迷成悟的方法，能轉愚成智的方法，深信因果的方法，將因「我」而從受苦中救度出來的方法，拓展心量，發大心行大願，發

菩提心的方法，隨緣了業的方法，離相修善的方法。從世俗方便說，是能幫助你獲得快樂，能夠讓身體健康長壽，能夠獲得家庭幸福美滿，能夠發財富貴的方法。

 請多觀照自心——嘉樣堪布禪語錄

心寬是福

不妨讓自己糊塗些，心寬是福；何不讓他人開心些，自有天佑。

正確的精進方向

如果精進向邪，就不是賢聖所讚嘆的，如精進地往貪欲、嗔恚、邪見，這就不是正精進了，正精進終不會去做這些事情，如果所作所為能契入正確的諦理，契入聖道、寂滅、涅槃，就是叫作正精進。

請多觀照自心——嘉樣堪布禪語錄

睜開發現幸福的眼

煩惱痛苦不請自來時，做個陽光的人，樂觀從容堅韌。痛苦和煩惱就好像冰雪，用智慧的陽光觀照，終將融化。做個發現者，用智慧的眼去發現快樂、去找尋幸福。人的一生就好像是單行道，途中沒有預設「如果」和「假設」讓你掉頭。與其在痛苦、煩惱中度過每個今天，在懊惱、遺憾中追憶每個昨天，不如睜開發現幸福和快樂的智慧的眼。

心動則痛

人生在世如身處荊棘之中，心不動，則人不起妄動，無動則不傷；心若動，則人起妄動，傷其身痛其骨。如果搞不清狀況，靜觀其變是好的選擇；若需選擇，菩提心能令你減少錯誤，以空性智慧觀照可以讓你減少痛苦。

 請多觀照自心——嘉樣堪布禪語錄

成就在於誠敬信

只要具有真誠的信心與恭敬心，任何人都會得到佛的悲憫與加持。信心與成就是相輔相成的，一切證悟的根本都是來源於對上師和佛法的信心，正如果倉巴大師說：「一生成佛道，不在法殊勝，在於誠敬信。」

放下就是去除攀緣心

所謂放下，就是去除自心隨外境起現的種種攀緣，依喜好生起的各種是非，因自私而算計的種種得失，因執著而難以擺脫的糾纏。萬物與我息息相關，皆為我所用，但依緣而有，非我所屬。我們要拋棄的是一切的執著，淡薄明心，放下貪嗔痴三毒，不絕望於人生之苦，也不執著於人生之樂。

請多觀照自心——嘉樣堪布禪語錄

心燈照亮暗夜

朵朵蓮花綴蓮台，首首梵唄除煩惱。盞盞心燈照暗夜，把把紅炬遣無明。

何去何從是自己的事

佛陀從來不提倡強迫別人做自己不喜歡的事情。佛只是告訴了我們什麼是善，什麼是惡，以及善惡的結果是怎樣的。至於如何選擇、如何做，全憑我們自己的抉擇。

 請多觀照自心──嘉樣堪布禪語錄

誰是最幸福的人

不要只看到別人外在的缺陷，卻看不到自己內心的污點；不要光要求別人付出些什麼，也要想我能為別人奉獻什麼。待人退一步，容人寬一寸，愛人多一分。將心比心、設身處地地為別人想一想，能幫助別人其實就是在幫助自己。懂得寬容與悲憫一切眾生的人才是最幸福的。

過不去是因為放不下

沒有過不去的事情，只有放不下的心情。為什麼煩惱那麼多？因為有太多的放不下。被批評了，面子放不下；被誤解了，委屈放不下；被欺騙了，報復放不下；被傷害了，怨恨放不下……若心中只有一個「我」，難免只見萬般的不如意；若心中還能有眾生，便能互相理解和體諒，不會傷到彼此的心靈。

請多觀照自心——嘉樣堪布禪語錄

170

一切都是過客

一切都是生命中的過客，隨緣而來也會隨緣而去，什麼時候都不要迷失了自己的心，對什麼都不能執著沉迷。淡然一點，沉穩一點，安靜一點，隨意一點。順境時享受成就，逆境時體驗人生，有壯志時做有意義的事，沒心情時幹有意思的活。人生如夢，只可追憶而回不去，珍惜這份屬自己的獨特經歷，帶著感恩前行。

心存善念最自在

微笑，不但可以表達友好，還可以縮短心與心之間的距離。面帶微笑，心存善念的人最自在。微笑著生活，微笑著面對，有相逢一笑泯恩仇的氣度，有不為生活的冷暖糾纏而從容面對的灑脫，有不為情緒的陰晴牽絆的情懷。你的世界一定美好。

 請多觀照自心——嘉樣堪布禪語錄

面對不歡喜的人事時

人與人的接觸交往中免不了會有摩擦和誤會。當面對自己不歡喜的人或事的時候，要讓自己心不存憤恨惡念，語言不帶尖酸刻薄、粗惡詆毀，也不做傷害他人的事，而是要堅守善美的心念，說清淨的語言，做無愧於心的事。栽一棵慈悲的草，綻一朵寬容的花，一朝人生的大原野綠意遍滿，雲也悠悠，心也安然，灑脫自在天地間。

人生看你如何對待

人生看你如何對待。以慈悲對待，將得到安穩。以敬畏對待，將得到尊重。以智慧對待，將得到自在。以道德修養身心，以自律謹言慎行，天佑人助福自來。

請多觀照自心──嘉樣堪布禪語錄

修養就是修行

做人立志應存高遠，發願要大，意志要堅，氣度要柔，用心要細。為人處事把握分寸，付出多點，計較少點，感恩多點，報怨少點。成全別人就是幫助自己，既是修養，也是修行。

每一刻都是覺醒的良機

每一天都是做人的開始，每一刻都是覺醒的良機，勿以善小而不為，勿以惡小而為之。改變別人，不如先改變自己：獨處時能寂止內觀，聚眾時能憫眾平等，由改變自己而自助，由影響別人而助人。如是，則時時歡喜，處處吉祥。

 請多觀照自心——嘉樣堪布禪語錄

173

心寬似海方遠航

心若計較，處處都有怨言；心若放寬，時時都是春天。若總在計較中，沒有一個人、一件事能讓你滿意。享受內心的坦蕩與淡然，生活靜好、安然，釋放了一份空間給自己，讓出了一縷陽光給他人。心寬一寸，路寬一丈。若心寬似海，總可以波瀾不驚地遠航。

把握好現在存正念

想過去是雜念，想未來是妄念，把握好現在要存正念。做好事不能少我一個，做壞事不能多我一個，做事情善始善終要有我一個。做好自己，去貪就簡，享寧靜自在，得安樂解脫。

請多觀照自心——嘉樣堪布禪語錄

174

且莫信汝意

佛說：「且莫信汝意，汝意不可信。」不要隨著自己的感覺去判斷和做取捨，應當依照覺悟者的智慧做抉擇。佛智是明燈。不在盲目中一意孤行，不依循錯誤而重蹈覆轍。相信因果，擦亮取捨的明目，能慚前戒後，每一次都是一番新生。

能為別人服務更有福

生活有朝氣，活得暢暢快快；工作講效率，做得踏踏實實。以平等的愛心待人，以磊落的胸懷接物，則人生時常好運相伴。不要計較付出，這世界總有比我們悲慘的人，能為別人服務比被服務的人有福。懂得知足，就是最幸福的人生。

 請多觀照自心——嘉樣堪布禪語錄

何為懺悔

後悔是一種耗費精神的情緒，後悔是比損失更大的損失，比錯誤更大的錯誤，所以不要後悔。但是我們要學會懺悔。「懺」是知錯，「悔」是能改。懺悔是要在我們發現錯了之後立即改正，不能等以後再說。懺悔要有慚愧羞恥之心，要真正知道自己錯了。懺悔不是懺完就完了，懺悔最重要的就是「未來之惡更不敢造」，沒有這個心不能稱為懺悔。

做人當如水

做人當如水。避高趨下是謙遜的姿態，奔流到海是向上的追求，剛柔相濟是方便的道用，海納百川是博大的氣度，滴水穿石是不輟的毅力，洗滌污濁是淨障的行持。潤萬物而悄然是無緣的大慈，隨形盛器而不失本真是離障的大智。

請多觀照自心——嘉樣堪布禪語錄

知幻即離

有時，生活需要你有妥協、忍讓、遷就、包容、寬恕的一面。并非所有的事情都要針鋒相對。生活本身并非戰場，而是道場。生活有它的多姿多彩，也有嚴峻冷酷，既有陽光明媚，也有傾盆大雨。強硬有強硬的好處，忍讓有忍讓的優勢，任何時候，都需要我們審時度勢，適宜而為。不亂於心，不錯於行。於人生的道場靜心參悟，認清真相，不困於虛幻，不執於身與境，你便能從幻境中醒來。

 請多觀照自心——嘉樣堪布禪語錄

如何睿智

一念悟即佛，一念迷則眾生。眾生皆具佛性，皆具如來藏德性。成佛與否依修與不修，信與不信。若有人悟自心，把得定，做得主，不造諸惡，常修諸善，依佛行持，立佛行願，佛說是人不久成佛。

人生是條無名的河

人生是條無名的河，是深是淺都要過。輕鬆地對待自己，微笑著對待生活！別人的缺點不要去宣揚和放大，自己的優點不要天天去欣賞和歡呼。

請多觀照自心──嘉樣堪布禪語錄

扔斧頭

禪師拿起一把斧子，走出室外。禪師對那人說，現在他把斧子扔向天空，會怎麼樣呢？

當扔出去的斧子咣的一聲掉到地上時，禪師問：「你聽到天空喊疼的聲音了嗎？」

「斧子又沒有傷到天空，天空怎麼會喊疼呢？」那人說。「斧子為什麼傷不到天空呢？」禪師問。

「天空是那麼高遠，那麼遼闊，斧子扔得再高，也觸不到天空的皮毛啊！」那人感嘆道。「是啊，天空高遠、遼闊，那是天空的心胸大。如果一個人有天空般寬闊的心胸，別人就是再向他放暗箭、捅刀子，也無法傷及他的心靈啊。」

那人低頭看了一眼掉在地上暗淡無光的斧子，又抬頭望瞭望高遠蔚藍的天空，心裏不由得開朗了。

 請多觀照自心——嘉樣堪布禪語錄

大徒弟和小徒弟

山上有座廟，廟裏有師徒三人。一天，大徒弟外出化緣，得了一擔鮮桃，他挑著桃樂滋滋地往回趕。路過李家莊時，大徒弟內急，就把桃子放在樹下，然後找地方方便去了。回來時，見一大群人正圍在樹下吃桃子，大徒弟大喊：「那是我的桃子，不許吃。」聽到喊聲，人們一哄而散。

回到寺裏，徒弟向師父抱怨：「李家莊的人太可惡了，居然偷吃桃子。」師父慈祥地笑了：「不怪他們，願佛祖保佑他們平安。」

過了一陣子，小徒弟下山化緣，一不小心摔傷了腿，倒在了李家莊的村口。村民發現了，就把小徒弟抬回家中，還請來醫生給他治療。傷好後，小徒弟回到寺裏，把經過告訴了師父。

師父笑了，他問大徒弟：「你還說李家莊的人可惡嗎？」大徒弟撓著頭，說：「上次是挺可惡的，這次怎麼友善了呢？」師父說：「大

善大惡的人，畢竟是少數。大多數人都和這李家莊的村民一樣，是些普通人，既有小善，也有小惡。你給他一個善的契機，他就表現為善；你給他一個惡的契機，他就表現為惡。所以說，惡要原諒，善要引導。你把一擔桃子丟在樹下不管，還怪別人偷嗎？」

綻放最美笑容

生活并不曾帶走什麼，懂得正確取捨能為自己帶來安樂。當斷處須斷，當捨處應捨。斷除錯誤的認識、惡劣的習氣；捨棄迷惘的執著。斷捨或許會伴隨些許痛、些許煎熬。如果你敢於面對和下定決心，這些都將是你的良藥，最美的笑容綻放於痛苦的盡頭。

燃炬

如何的人生更有價值？當我們的人生，對他人而言是一支蠟燭，帶來的是光亮而不是黑暗，提供的是溫暖而不是寒冷；對我們自己而言，此生一切身、心、境的因緣是一支我在手裏的炬，而我們能把它燃得旺盛，驅逐掉內心的無明執著、煩惱愚痴。這樣的人生是有價值的人生。

請多觀照自心——嘉樣堪布禪語錄

秋天，院子裏紅葉飛舞，小徒弟跑去問師父：「紅葉這麼美，為什麼會落呢？」

師父一笑：「因為冬天來了，樹撐不住那麼多葉子，只好捨去。這不是放棄，是放下！」

冬天來了，小徒弟看見師兄們把院子裏的水缸扣過來，又跑去問師父：「好好的水，為什麼要倒掉呢？」

師父笑笑：「因為冬天冷，水結冰膨脹，會把缸撐破，所以要倒乾淨。這不是真空，是放空！」

大雪紛飛，厚厚的，一層又一層，積在幾棵盆栽的龍柏上，師父吩咐徒弟合力把盆搬倒，讓樹躺下來。小徒弟又不解了，急著問：「龍柏好好的，為什麼弄倒？」

師父臉一板：「誰說好好的？你沒見雪把柏葉都壓塌了嗎？再壓就斷了。那不是放倒，是放平，為了保護它，讓它躺平休息休息，等雪霽再扶起來。」

天寒，香火收入少

 請多觀照自心——嘉樣堪布禪語錄

了，小徒弟跑去問師父怎麼辦。「少你吃，少你穿了嗎？」師父瞪一眼：「數數！櫃子裏還挂了多少件衣服？柴房裏還堆了多少柴？倉房裏還積了多少土豆？別想沒有的，想想還有的;苦日子總會過去，春天總會來。你要放心。放心不是不用心，是把心安頓。」

春天果然跟著來了，大概因為冬天的雪水特別多，所以春花爛漫，更勝往年，前殿的香火也漸漸恢復往日的盛況。師父要出遠門了，小徒弟追到山門：

「師父您走了，我們怎麼辦？」

師父笑著揮揮手：「你們能放下、放空、放平、放心，我還有什麼不能放手的呢？」

請多觀照自心——嘉樣堪布禪語錄

誰也不會被辜負

誰抉擇了正見，誰就會步入光明；誰致力於踐行，誰就會豁然領悟；誰捨棄「自我」，誰就會見到「自我」。

游弋生命之流

不是每一道江流都能流入大海，不是每一粒種子都能成熟發芽，但秋天的碩果一定不屬春天的賞花人，而屬春天的耕耘者。生命中不是永遠快樂，也不是永遠痛苦，在快樂時記得感恩、學會分享，在痛苦中忘記計較、不必抱怨、學會思考。時常播種善，淨除惡，那是在生命的田裏耕耘快樂。

 請多觀照自心——嘉樣堪布禪語錄

185

當煩惱和痛苦不請自來的時候，做個陽光的人，樂觀、從容、堅韌。痛苦和煩惱就像冰雪，在陽光裏終將會融化。

當感覺不到幸福和快樂的時候，做個發現者，因為幸福和快樂原本在那裏，需要你用智慧的眼去發現。

生命是一場沒有如果、假設和回頭再來的旅行，所以不要在痛苦和煩惱中度過今天，不要在懊惱和遺憾中追憶昨天，更不要蒙上雙眼追尋明天。睜開智慧的眼，打開心靈的窗，做快樂的旅人。

到地獄的老人和年輕人

有一位老人家去世了，他的神識來到閻羅王面前，閻羅王根據他的生死簿而判定他的罪業。

閻羅王：「你在世的時候惡多善少，應該受某種刑罰。」老人家害怕極了哀求說：「閻羅王啊！你如果早通知我，我就可以改過，行善積德，也不至於今天來到這裏受你的審判啊！」

閻羅王：「我早就發了信給你，而且不止一兩封，好多封啊！你頭髮白了時，是我通知你的第一封信；你的牙齒開始搖動脫落時，是第二封；你眼睛看不清，耳朵聽不清時候，是第三封信了。我通知你已經很久了，是你自己沒有注意到！」

閻羅王說完這些話，跪在老人家旁邊的一位年輕人就說：「閻羅王啊！你通知他好幾封信了，可是你并沒有給我發通知啊，怎麼也把我叫來呢？」

閻羅王就說：「我也給你發了好幾封信，

 請多觀照自心——嘉樣堪布禪語錄

187

你不記得嗎？你的同學

被水淹死，那是我通知你的第一封信；你的鄰居與你同年齡的某某被火燒死，是我通知你的第二封信了；你的表兄幾年前遇到車禍死亡，是第三封信啊；你們那個地方的某位年輕人因刀傷而死，某一位少年人因患重病而死，是第四封、第五封信啊！我通知你的幾封信，老早就寄出去了，你怎麼沒有警覺呢？」

爬山

一人正在艱難地爬山，到了半山腰時，急於到達山頂，於是很想加快步伐，但由於體力已經消耗了很多，因此心有餘而力不足，一腳踏空，開始向下滑坡。路兩旁的荊棘不住地劃住他的身體和衣服。情急之下，這個人一把抓住荊棘希望能夠停止下滑。但是，荊棘刺破了雙手，令他疼痛不已，只有放手。荊棘不但沒能阻止下滑反倒刺破弄傷。

在困難時，依靠不值得依靠的，是徒勞。在人生中，錯誤的選擇就如同荊棘，當善擇。

請多觀照自心——嘉樣堪布禪語錄

宇宙的節奏

凡事盛時也正是埋藏著雕零種子時，盛際必衰，生際必死，合久必分，積際必盡，高際必墮，無常始終相伴。因此盛際、生際、合際、積際、高際勿執著、勿自喜、勿輕慢，居安思危，隨緣珍重，過有意義時光。萬物雕零中亦醞釀著新生，生住異滅是宇宙的節奏，失意時不氣餒，積聚因緣，否極泰來。

和氣四瑞

久遠之前有一地方名為嘎西，其地長有茂密森林。森林中栖息著一隻羊角鳥、一隻山兔、一隻猴子，還有一頭大象，四動物和睦相處，遠離一切爭論，歡樂祥和安穩度日。一日，四動物商議道：「我們應恭敬最年長者。」於是協商後，大家一致同意以烈卓達樹作為參照，對比相互之間長幼順序。羊角鳥建議說：「你們均應談談各自小時候所見樹之身量。」

大象首先發言道：「我年幼時見到此樹，它有與我現在身體同等之高度。」

猴子緊接著發言：「當我小時候與猴群看見這棵樹時，它與我現在身體同等之高度。」

聽罷二位所言，大家一致公認道：「象與猴子比較，當屬猴子年歲較長。」

山兔則接過話說：「我小時候，這棵樹尚只有兩片嫩葉。我還舔過這兩片葉子上的露水。」

請多觀照自心——嘉樣堪布禪語錄

於是大家又評議說：「與前兩位相比，你山兔應算年齡較老。」

羊角鳥最後說：「無論怎樣，這棵樹你們幼時都見過。而我以前只吃過這棵樹的種子，在此地撒下不淨糞後，它才能破土而出并日益長大。」

其餘三位夥伴則一致說道：「我們當中數你年歲最長，大家理應對你恭敬承侍。」言罷，猴子首先對山兔、羊角鳥禮敬一番，山兔則對羊角鳥恭敬頂禮，而大象則對其餘同伴皆恭敬承侍。自此之後，四動物間無論日常起居或行走外出均按長幼順序次第相偕。有時行進到山勢較陡的地方，大象身上蹲立猴子，猴子肩扛山兔，山兔頭頂站立羊角鳥，煞是老幼有序。

四動物共同發願行持善法，羊角鳥告訴諸位道：「我們應即刻斷除殺生。」大家聽後便都問它：「如何斷除？」羊角鳥向它們解釋說：「我們即便只吃水果、野草，也有殺生與不殺生兩種可能。從今往後，我們只應以不

殺生方式進食。另外，在我們享用一切物品時，應力斷不予取，堅決不拿非我們所有之物。并且在平日生活中，還要戒除邪淫、妄語、飲酒諸過，就連有些含有能令人眩暈陶醉之物的樹葉、水果，也不應飲食。」

四夥伴於是開始持守五戒，并一直堅持不懈。羊角鳥後來又鼓勵同伴們說：「我們不但要自己守持，還應動員其他眾生嚴守五戒。」接下來，山兔便開始勸所有山兔，猴子就開始勸所有猴子，大象則對同類及老虎、獅子等猛獸苦苦相勸，希望它們均能守護五戒。此時羊角鳥則對它們說：「所有你們無法調伏之無腳、四足、飛禽等，均交予我來對付，我會想方設法令它們皆守五戒。」

幾位好夥伴從此開始想盡辦法力圖令旁生也能行持五戒，在它們帶動、勸請下，動物們都能漸漸做到互不損害、如理如法地在森林中平和度日，以其屬行善法之因，天人也降下雨水。後來，整個大地之上，莊稼豐饒、植

　請多觀照自心——嘉樣堪布禪語錄

物茂密、鮮艷之花滿目盛開，整個國家喜獲豐收、財富圓滿。

人們均目睹上述國泰民安景象，國王則理所當然地認為此乃自己如理如法治理國家所感得，而王妃、眾太子、大臣、城中諸人則認為此乃他們各自威力所感得。國王後來了知此種情況後，心中明白人人都自負認定自己實為令國土風調雨順、國民平安吉祥出力最大者，於是他便想到看相者那裏問個究竟。但看相人却無法看出此中奧妙。

離鹿野苑不遠處有一園林，有一受人人恭敬之仙人就居住於此。國王親往具五神通之仙人處問訊：「目前在我治下國土中，眾生互不損惱、和睦相處、如理如法地安居樂業，天人也降下雨水，以至林木茂盛、莊稼豐饒。我當然認為此乃我如理如法主持國政所感得之果報，而王妃、城中諸人等又各自以為此乃他們威力所感。請問到底是誰引來如此祥瑞景致？」

仙人最終一語道破天機：「這并非依靠國王、王妃或太子等人

之能力就能感得，實是你國中四動物威力所致。」國王不覺心生好奇：「我倒要看看它們有何神通異能。」仙人則回答說：「無甚奇異之處可供你觀瞻，它們只是嚴守五戒而已。若你能如此行持，也會給你及國家帶來無窮利益。所謂五戒者，是指戒殺生……」仙人接著便向國王宣說了五戒教義。

國王聞後發願道：「我一定持守禁行五戒。」不唯國王如是行持，從王妃到眾太子及城中諸人，人人都開始以五戒規范個人行為。

聞聽梵施國王與眷屬相繼守持五戒，鄰國也將此消息輾轉相告，以至贍部洲眾生都漸漸以五戒作為日常行持。這些五戒行者死後均得以轉生三十三天，而帝釋天則對天人眷屬宣說原因道：「受人恭敬、於森林中苦行之羊角鳥，率先行持梵淨行後，引導世間很多眾生都守持戒律。以此緣故，才多有人眾死後轉生善趣天界。」

瞬息變化的世間

你要知道，在這個世間，任何事物都不能够長久永恒，都會經歷形成、住持、衰耗、消失這些階段，一切無常。從外在的一切事物、環境到自身的身體、思想、想法，每一樣都無不是瞬息變化的。這是世間的本性，它無常，一切「變化」與我們相伴。無常并非壞事。在無常中孕育轉機，我們要善觀事物的本性，善轉惡劣的念頭，善見萬法的實相。

世間之最

1.世間誰更美麗？有慈悲心，有內在美的人，才是真美。

2.世間上誰是真正富有的人？

懂得佈施、肯幫助別人的人是最富有的。最貧窮、最慳吝的就是一文不捨，不肯給人，就算是富可敵國也顯得貧窮。

3.世間上什麼力量最大？忍力最大。誰能安忍誰就擁有世間最大的力量。

完善到完美

修行是修正自己的錯誤而趨向完美，端正自己的行為而澄淨身心。修行是點滴的功夫，如滴水穿石、鐵杵成針，非一朝一夕的結果。修行需要有耐性，持久恒常，不急不躁，不松不緊，不好高騖遠，不半途而廢，沿著正確的道路，規範自己的心行。修行能帶來身心遠離貪嗔痴三毒煩惱後的清凉，能閃現出祛除障蔽後如撥雲見日般的智光。將人生變為一場修行，讓自己完美，讓生命完滿。

沉靜人生更幸福

人生是個戲劇的舞臺。不管酸甜苦辣，願意或抗拒，自己總得要登場。不管悲歡離合，喜憂惱恨，那些角色總得要出演。人生的舞臺絢爛華美也罷，慘淡悲戚也好，出演的是主角或配角，這一切，實際自己都做不了主，全由命運做著導演，業力做著推手。但不管你的人生是一場悲劇或是喜劇，若心能抽離，不隨逐外境，不固尋習氣，在喧囂中寂靜，在浮躁中沉穩，多些思考，多些探尋，人生的舞臺也可以成為自己修行解脫的道場。那樣，你的人生就不再是戲劇人生，是幸福人生。

請多觀照自心——嘉樣堪布禪語錄

依智不依意

覺悟者佛陀說：「且莫信汝意，汝意不可信。」我們凡俗人，由於貪嗔痴煩惱的湧現，智慧的雙眼被遮蔽，看不清事情的真實面貌。依隨自己的感覺做判斷與取捨，往往不正確、有偏差。如果依照覺悟者的智慧做抉擇，猶如手持明炬，不會看錯、選錯和做錯。凡事不要在盲目中一意孤行，執迷不悔，讓錯誤反反覆複。智者告訴我們要相信因果，有取捨的明目，懂得慚前戒後，如此，你的每一次取捨都將是一次新生。

請多觀照自心——嘉樣堪布禪語錄

兩個商隊

佛經中有這麼一則故事：有兩個商隊準備出門經商，但因人數眾多，為了避免秩序混亂，兩隊的領隊就商議分批出發。其中一位很有智慧的領隊說：「既然要分批出發，我讓你先選擇。」另一位領隊心想：如果先出發，運送貨物的牛只便可以先吃到一路上的青草。而且到達目的地後，就可以先做生意，便決定選擇先走。

第二隊的人感到很不滿，覺得好處都被第一隊的人佔盡了。那位有智慧的領隊卻對同伴們說：「沒錯！先出發的隊伍，可以讓牛只先吃到青草。不過，草被吃過之後，還會長出鮮嫩的新草；我們慢一點再出發，牛只正好可以吃到鮮嫩的新草。其次，市場有了他們的投石問路，我們再去會比較安全。」

傳說在沙漠地區，有很多專門吃人肉、喝人血的夜叉惡鬼。當第一批商隊來到時，夜叉的首領立即叫夜叉眾各

請多觀照自心——嘉樣堪布禪語錄

拿一朵青翠的蓮花，然後將身體淋濕，化身人形前去引誘商隊走入缺水缺糧的地方。

當那些夜叉出現時，第一批商隊的領隊看他們手上拿著蓮花，身上又濕濕的，就問他們從何處來？夜叉回說是由南邊而來。領隊再問：「請問南邊是不是有水？」夜叉回答：「那裏不只有清澈的泉水，還時常下雨呢！」

那位領隊聽了很高興，就告訴隊員們說：「距離此地不遠處，時常下雨又有流泉，我們何必如此辛苦地載水同行呢？各位可以把水倒掉，這樣行走比較輕鬆。」大家聽了他的話後，紛紛將水倒掉，然後輕鬆地往南走去。

可是當他們到了那裏之後，發現仍是一片寸草不生的空曠沙漠。由於當時天色已暗、大家又疲憊不堪，只好決定在此過夜。幾天之後，他們因為缺水缺糧而體力不支，無法再繼續前行。那些夜叉便趁機吃他們的肉、喝他們的血，留下一片白骨。

過了幾天，第二批商隊也來到這個地方。在尚未來到夜叉的地盤

之前，這位有智慧的領隊就告訴隊員：不論遇到什麼樣的境界，心念都不可以動搖。即使前面有流泉或雨水，所帶的水都要守好，不可以浪費。到了晚上，為了讓隊員能夠好好地休息，他還親自在周圍巡邏。

後來，他們同樣遇到一群手上拿著蓮花、身上濕淋淋的人前來引誘。但是他們毫不理會，繼續向前走去。當他們來到第一批商隊遇難的地方時，發現人畜都已經成為枯骨，不過牛車上的貨物都安然無恙。於是，他們將車上的貨取下，繼續朝目的地前進。

做事也好，修行也好，凡事不要半途起心動念，投機取巧，要不受誘惑，不迷惑，依智慧判斷與抉擇。依八正道：正見，正思維，正語，正業，正命，正精進，正念，正定，可最終因圓果滿到彼岸。

苦樂依於自己

苦是每一個人都必然經歷的。這一點，它於誰都平等相待，只是各人所受程度和方式不盡相同而已。假若人生是路，苦就是鋪路的鵝卵石，一心想躲避或繞過，常常會天不如人願，總還會碰上。

佛說，輪迴中痛苦充滿，它們是苦苦、壞苦與行苦。又說，三界無安，猶如火宅。哀怨沒有用，自暴自棄不應當。當你從容面對和坦然接受，放下對外物的貪婪和欲望、嗔恨和嫉妒、佔有和控制，私欲與狹隘，你會發現，人生的路已悄然改變，苦已淡漠遠去，和順、吉祥和心的朗闊、洞然，開始慢慢生起。

請多觀照自心——嘉樣堪布禪語錄

智慧的人

不迷信，不盲從，不固執己見，不故步自封，不一味逞強，不一意孤行，不圖一己私利，不求一時之快。凡事依智者的智慧思考，以他人的角度衡量，有退一步海闊天空的豁達，有進一步皆大歡喜的胸懷。

悟於當下

活在當下，修在當下，悟在當下。發現自己的不足，成為明者。克服自己的缺點，成為勇者。戰勝自己的弱點，成為強者。消除自己的習氣，成為行者。懺清自己的罪業，成為福者。轉變煩惱為道用，成為智者，照見諸法虛妄本空，成為覺者。

 請多觀照自心——嘉樣堪布禪語錄

放下的快樂

所謂放下，就是去除自心隨外境起現的種種攀緣、依喜好生起的各種是非、因自私而算計的種種得失、因執著而難以擺脫的糾結。萬物的呈現，依緣而有，非實有，假立有、空有，如夢幻泡影。

我們要拋棄的是一切的執著，淡泊明心，放下貪嗔痴三毒，不絕望於人生之苦，也不執著於人生之樂。

真富貴

不求未來所欲之事，是名少欲。得而不著，是名知足。親近善友明師，修學善法，遠離惡友與諸不善之事，是名少欲。對棄惡行善、樂善好施無厭無悔，是名知足。對有恩於人不望報答，是名少欲。人生於世，能知足者，雖貧是富；不知足者，雖富是貧。

請多觀照自心——嘉樣堪布禪語錄

毗舍離和她的三十二子

佛陀時代，有個婦人叫毗舍離，是國王波斯匿王的乾妹妹。她有三十二個兒子。這三十二個兒子依次生出時，是和鵝蛋一樣的肉球。肉球自行裂開，每個裏面生出一個相貌端正的男孩。

男孩們長大成人後，每個人都非常勇敢健壯，一人可以敵過一千多人的力量，大家都稱呼他們「守護國家的城門」。

後來，因毗舍離最小的兒子與宰相的兒子結怨而遭設計陷害。

國王聽信讒言，對三十二兄弟生大嗔恨心，最終下令對三十二兄弟處以極刑。

當日毗舍離正迎請佛陀及其弟子應供。午飯後，佛陀為大眾講說佛法。毗舍離聞聽佛法獲證一果阿羅漢，不再會受愛慾所惑而引生煩惱。

佛陀講法畢，率眾離去。此時，毗舍離得到了自己的兒子們都被處死的消息。因為已經斷除情欲愛恨的牽絆，

請多觀照自心——嘉樣堪布禪語錄

毗舍離并未懊惱生氣，只是難過地說：「怎麼會發生這種事情呢？」

親屬們聽到噩耗難以自製，要去報仇。最後在佛陀處找到國王，於是請佛陀把國王交出來。

阿難見此，合掌請問佛陀：「世尊！是什麼因緣導致這三十二人被國王殺害？」

佛陀說：「讓我告訴你們吧！過去曾有三十二個人一起盜取一頭牛，然後將牛牽到一位老婦人的家，準備殺了牛來吃。老婦人很高興，熱心幫他們準備殺牛的工具。在刀子要砍下時，牛忽然跪下來乞求饒命，但這些人心意已決，仍然殺了這頭牛。牛在臨死前發誓：「今天你們殺了我，來世我絕不放過你們！」

佛陀接著說：「當時那頭牛就是今天的波斯匿王，偷牛的便是被殺的三十二人，而那位老婦人就是今天的毗舍離。老婦人因為幫助他們殺生，所以每一世都跟這三十二人的惡報有牽連，而且都悲慘致死。今生因為聽聞佛法，幸運地得到解脫，證得聖果。」

請多觀照自心——嘉樣堪布禪語錄

眾人聽此因緣果報，怒氣馬上平息下來，感嘆地說：「他們的報應，原來都是自己種下的。僅僅是殺了一頭牛，便得如此果報，更何況殺更多的生靈！」於是放棄了報仇的想法，所有人一同接受佛陀的教化，持守不殺生的戒律。

請多觀照自心——嘉樣堪布禪語錄

交友之道

每個人有自己的思維方式、處世之道和行為習慣。與人相處時，應當取中道，方能長久且善好。求同存異，不要求全責備。少些在意別人的缺點，多些關注他人的長處。親疏要有度，遠近當適宜。過遠則情易疏，過近則情易瀆。凡事應誠摯，錦上添花是很好，雪中送炭真難得，於人危難時應多施以援手。交友莫交惡友，親近惡友壞心志，交往善友真明智。

衰老、疾病來拜訪時，會帶來身心不自在、疼痛、不悅等好多你特別不想要的禮物。它們就好像是一顆顆釘子，將你牢牢地釘在床板或輪椅上。心情就如同折翅的鳥，一切高遠的鴻鵠之志都再難起飛、都將如雲散去。

現在，趁著這兩個終將不請自來的不速之客和它們的禮物還未敲你的門，請珍惜時光吧，莫讓光陰於日出日落間無意流走、虛度和荒蕪。佛法裏面有無盡之寶藏，佛法是治萬般煩惱之良藥，用好時光，挖掘那些寶藏吧，以療愈身心頑愚、無明惡疾。

請多觀照自心——嘉樣堪布禪語錄

老翁和羊

從前有個老翁，家裏非常富有。這個老翁想吃肉，就謊騙兒子們說：「現在我們家業之所以和諧富有，是由於門前這棵樹的樹神恩澤啊。

今天你們應該在羊群中選一隻來祭祀樹神。」兒子們聽了父親的話立刻殺了一隻羊祭祀祈禱這棵樹，并在樹下建造祭祀祠堂。

後來老翁年老死去，隨業所轉，就投生在自己家的羊群中。時逢兒子們祭祀樹神，就捉了一隻羊，正好捉到他們父親轉世的這只羊，正想殺這只羊時，羊哀傷悲泣又苦笑著說：「這棵樹，哪有什麼神奇靈驗呢？我在前世時，因為貪吃肉，胡亂地說讓你們殺羊祭祀，實際每次都是我們父子幾人大快朵頤。現在償還罪業，自作自受。」

最大的成功

種種業造就種種眾生。每個人自有每個人的命運，多舛或平坦、安樂或苦難，皆有前緣。盲目艷羨別人光鮮的人生，而生嫉妒、攀比，或徒自懊喪，那是在給自己的心情播撒灰塵，讓快樂褪色。

輕盈的心能飛升高遠，探看到生命別樣的好風景。撣去心上的灰，解開心靈的捆縛，當存高遠的心。要知道，一個人最大的收穫是日日擇善，最大的進步是不隨境轉，最大的成功是心靈回歸本真。

請多觀照自心——嘉樣堪布禪語錄

女僕和羊

以前有一個女僕，常替主人炒小麥和豆子。主人家裏有一隻公羊，常偷吃這些穀物。主人總發現小麥和豆子缺少，不聽女僕辯解，認定是女僕偷吃而常呵責懲罰她。女僕於是很怨恨討厭公羊，常用棍棒打它。羊也十分惱火，就用角來頂女僕。就這樣他們總是相互攻擊。

有一天女僕因為空手取火，羊看見她沒有拿棍子，就沖上來猛頂女僕。女僕因為急了，就把取來的火放到羊背上，羊被火燙，到處亂沖亂撞，點著了村子，燒了村裏人，火還蔓延到山野裏，當時山中有五百隻獼猴，火勢來得凶猛，沒有來得及逃走，於是也都被火燒死了。

遠離嗔恨爭鬥處，以免成為無辜傷及處。

請多觀照自心——嘉樣堪布禪語錄

感恩你的仇人

對於那些損辱自己的人，不必耿耿於懷，他們只不過是來成就你佛道的未來佛。佛經中常提到提婆達多，他多生累劫對釋迦佛因地菩薩攻擊傷害致極，謀其錢財奪其性命，惡貫滿盈。在《法華經》中，佛陀誠摯感謝說，提婆達多善知識令我具足六度，慈悲喜捨，相好莊嚴，神通道力，成等正覺，廣度眾生。并授記，提婆達多過無量劫，當得成佛，號曰天王如來。生活中，多數人對素昧弱小者生憐憫同情心易，對怨懟強大者放下憤恨仇怨難，生起感恩心更是難上加難。你所面對的一切人和事，將成為你的煩惱與障礙，還是順緣與喜樂，依於智慧。做個有智慧的人，豁達的人，覺悟的人。

請多觀照自心——嘉樣堪布禪語錄

每一天都是新的

每一天都是新的，不帶上過往的不好——不愉快、痛苦、煩惱、憂愁，携手一切的好——向上、樂觀、進取、信仰。迎接朝陽，過好每一天。世間是無常的，沒有誰知道明天會發生什麼。但是，無論境遇怎樣，得意或失意，坦途或坎坷，顯赫或平凡，富貴或貧窮，讓自己永遠做個溫暖的人，自己不冷，他人不寒。無論因緣怎樣，常常觀照自己，內心遠離煩惱，清凉自在。每天朝氣而光明，驅散陰霾和暗蔽。過去的脚步我們無法重走，但我們可以把握當下的路，知道懺悔曾經的過錯，懂得心懷善念地對待他人，擁有快樂健康的心態。願我們心中裝滿善美，明天的每一天不會再孤獨、無助、迷惘和再走錯路。願我們將這一切善美永駐心裏，并將這一切善美帶給他人。明天，一切都會越來越好！

請多觀照自心——嘉樣堪布禪語錄

真心無私付出最快樂

付出和奉獻是一種高尚的行為。從因果的角度，清淨、無染污的發心付出，越純淨，心量越大，回報也越廣大深遠和持久。現實中，無私奉獻的人也是最快樂、樂觀和內心充滿力量的人。但是，如果以求得回報之心付出，多數時候會得不償願，反而會失落、不平甚至憤恨和後悔。

若將「我這麼做都是為了你，你知道不知道」此類的責問常挂在嘴邊，若是為人父母，往往有著長期壓抑的孩子；若為人妻或為人夫，往往有著長期壓抑的伴侶。給別人造成內疚的心理，或是被人造成內疚，實際上都在給彼此關係加上沉重的負擔，或是有條件的砝碼。輕鬆和平等才是父母和子女之間，或戀人和朋友之間長久關係的最好狀態。我和你在一起，因為我快樂，我為你做這些事，因為我願意、我高興、我愛你、我想做。你感激我對你的付出，而我，感激你

 請多觀照自心——嘉樣堪布禪語錄

願意讓我付出。心無挂礙，心存美好，回眸淺笑，萬事安好。

佛教我們行菩薩道，解脫自他一切眾生的煩惱和束縛。六度的第一個便是佈施——無有私心、不求回報地奉獻與給予。放生不是為求健康，供養不是為求財富，行善不是為求名利。心安自得的施捨，沒有得失不平心，施的同時就已得到回報——捨掉執著，安閒自在，無有煩惱。

你我皆過客

人生天地間，忽如遠行客。時間是呼嘯的列車，你我都是匆匆過客。人生短暫，歲月滄桑，生命就像太空中的一顆流星，瞬間即逝。有的人知道珍惜，懂得感恩，謹慎取捨，一生成為修煉，剎那間也成永恒。有的人在生命的軌迹綫上徘徊迷茫，蜿蜒周轉，痛苦一時，享樂一時，跌跌蕩蕩，在業力的狂風中如羽毛飄曳，生命的鶯飛草長，永遠臣服於業力的王。佛說，閒暇圓滿的人身如同寶洲。精進修行、斷除惡業、積累善法是入得寶山的路，入得便能獲得自在、安樂、解脫的珍寶。

請多觀照自心——嘉樣堪布禪語錄

走著走著就會到達

有時候因為惰性并夾雜著僥倖，總想著吃最少的苦，走最短的路，獲得最大的收益。但很多事情，雖然別人可以代替自己做，却無法代替自己感受和領悟，更無法代替自己成長。該自己走的路，要自己去走，誰也無法替代。凡事不要衝動地做決定，不管多麽千頭萬緒；也不要輕易就想著放棄，不管有多少路障與艱辛。你想要到達目的地，或者度過生死此岸到解脫彼岸，必得有了對的決定和勇往直前的努力。堅忍不拔地走好腳下的路，到達還會遠嗎？！

請多觀照自心——嘉樣堪布禪語錄

220

給心靈鬆綁自解脫

我們常會有這樣的經歷，就是對於沒有得到的東西百般希求。為什麼呢？因為對它瞭解太少，所以覺得它是美好的。一旦深入瞭解，就會發現，美好原來只是自己的想像。我們對於世間的執著也是如此。因為對輪迴的根本不瞭解，常被表面所欺惑，心裏總期待美好。如佛所說：三界無安，猶如火宅。對於世間之種種法——財、色、名、食、睡，學會看淡，執著的心學會放下，給心靈鬆綁，那便是解脫之道。

請多觀照自心——嘉樣堪布禪語錄

221

讓溝通不再有障礙

人於世間，與他人的溝通很重要。很多時候，溝通出了問題會導致一系列問題和矛盾，結果令自己痛苦，讓他人不悅。造成溝通上出現問題的原因有多種：有的是拙於言詞，有的因為表達不恰當，有的則是因為或傲慢或自負等的負面心理，固執己見，不肯妥協不做讓步，或者完全拒絕接受他人意見而使溝通陷入僵局。也有的人態度冷漠、自大、不友善，令人不願碰觸，避而遠之。也有的則是姿態太高，對於自己的主張，要人奉若準則，認為自己的見解高於別人，正確無誤。如此種種，造成溝通障礙、交流不暢。一個人能夠從善如流，平等真誠，讓人覺得你很好相處、很好說話，別人便願意和你接觸，樂於與你溝通；能夠與人為善，有居於下流、海納百川的氣度，還有能站在對方的角度和立場考慮的胸懷，讓別人覺得於己有利，別人才願意與你溝通。

請多觀照自心——嘉樣堪布禪語錄

人命幾許

在《四十二章經》裏，佛陀問弟子：人命在幾間？弟子甲說：數日間。弟子乙說：早晚間。弟子丙說：飯食間。弟子丁說：呼吸間。佛陀讚美弟子丁，是真正知道生命可貴、無常迅速的人。

無常無時無刻不是與我們相伴，有時它隱身不現形地來捉弄和矇騙世人，讓人不細細觀察便不覺得它存在。當你睜開慧眼，仔細觀察周遭與自身，一定可以看清楚它的無處不在，不再會被蒙蔽。這樣的結果就是，不會再有被突如其來的厄運或驚喜震驚到，而極驚愕或極狂喜。再有就是，你一旦意識到無常的須臾不離，決定會投身有意義的事，不再荒廢光陰、浪費生命。

請多觀照自心——嘉樣堪布禪語錄

喂蚊子與吃鴨子

有位窮困的老僧，自知無福，想多培植些福報，讓來生得到好果報。可是他拿不出什麼物品可用以佈施，於是常常光著膀子，坐在草叢裏喂蚊子，以此培植福報。

老僧圓寂後，依前世的福報，轉生做了國王。這位國王嗜吃鴨舌，每餐必來一碗。

有一天，一位僧人求見國王，問他想不想看一個秘密？國王當然想看，僧人便運用神通讓國王看到他的前世，他這才知道自己前生是位出家人，以及自己喂蚊子的情形，而那些蚊子大部分都變成現今他碗裏的鴨子。

這位僧人對國王說：「大王啊，報恩的鴨子所剩不多了，等吃完時，你的福報享盡，也當準備後事了！」

國王一聽十分害怕，從此再也不敢吃鴨子了。

請多觀照自心──嘉樣堪布禪語錄

為何「好事」沒好報

做了善事以後，善業在沒有成熟前，就有可能遭到損壞。什麼情況會毀壞善業呢？

一、　發嗔恨心

在大乘佛教裏，所有煩惱中最嚴重的就是嗔恨心。生起嚴重的嗔心，立即就可以毀壞一百個大劫所積累的善業。

二、自詡功德

例如，在念了多少數量的心咒或者做了某善法以後，故意在他人面前賣弄自己的功德，炫耀自己的修行，誇誇其談地宣傳自己如何了不起，這樣也會毀壞自己的善業。

三、顛倒迴向

例如，在行善之後，如果這樣迴向：「願我依靠此善根，能夠成為一個很有實力的人，從而消滅我的怨敵某某人。」這就是顛倒迴向。凡是以貪嗔痴為根本的迴向，都叫顛倒迴向。這樣迴向以後，雖然有可能成熟其所發的惡願，但在此果成熟以後，就再也不會產生其他的善報。

 請多觀照自心──嘉樣堪布禪語錄

225

如果我們不及時如法地迴向，在以上這些情況下，即使再多、再殊勝的善根，都會毀於一旦。在這些毀壞善業的因素當中，最容易出現的是嗔恨心，它能毀壞難以計數的善業，對凡夫而言，是非常可怕的。所以，行善之後必須立刻迴向。

　　如理迴向之後，善業是否就不會被毀壞呢？如法的迴向，特別是在為菩提而迴向之後，在一般情況下，善根是不會被毀壞的。每次行持善法後，發願為證得菩提、獲得佛陀的果位而迴向，這是最殊勝的迴向。這樣迴向後，善根生生世世也不會窮盡，其善果雖然一次又一次地成熟，卻永無完結之時。

避免驕嗔嫉妒的妙法

避免驕慢、嫉妒或怨懟、嗔怒心的一個極好方法是修隨喜。什麼叫隨喜呢？就是不管什麼時候，聽到或者看到別人很好、很幸福、很快樂或者某方面很成功等，尤其是人家做了善事、好事、有功德的事，自己真心替人家高興和歡喜，心生喜悅和讚嘆，而不是嫉妒或者怨懟。即使對俗世的成就，也應時時隨喜。換句話說，要愛人如愛己。他人得到安樂時，要如同自己得到安樂一樣心生歡喜。

請多觀照自心——嘉樣堪布禪語錄

世界是萬花筒，千奇百怪的事都可能有。人也如同萬花筒裏的彩色紙屑，形形色色，各不相同。身處社會，置身人群，要學會與各種人相處，理解人、寬容人、包容人，適應環境。有時候，退讓未必有損失，退一步海闊天空；安忍未必是怯懦，大智、大勇、大胸懷，方能容人、容事。多看他人長處，多觀自己不足。以人之長補己之短，以己之長助人之短。

婦人與獨生子

從前，有位婦人只生了一個兒子。她對這唯一的孩子百般呵護，特別關愛。可是，婦人的獨生子忽然染上惡疾，離開了人世。

突如其來的打擊如同晴天霹靂，婦人無法接受這個事實，天天守在兒子的墳前哀傷哭泣：「在這個世間，兒子是我唯一的親人，現在竟然捨下我先走了，留下我孤苦伶仃地活著，有什麼意思啊?」

這時，佛陀看到這種情形，就問：「你想讓你的兒子死而復生嗎?」「是啊! 那是我的希望啊!」婦人如同水中的溺者抓到浮木一樣急忙說。

「只要你點著上好的香來到這裏，我便能咒願，使你的兒了複活。」佛陀接著囑咐，「但是，你要記住，這上好的香要用家中從來沒有死過人的人家的火點燃。」婦人聽了，二話不說，趕緊準備上好的香，拿著香立刻去尋找從來沒有死過人的人家的火。她

 請多觀照自心──嘉樣堪布禪語錄

229

見人就問：「您家中是否從來沒有人過世呢？」「家父前不久剛往生。」「您家中是否從來沒有人過世呢？」「妹妹一個月前走了。」

……婦人不死心，然而，問遍了村裏所有人家，沒有一個家是沒死過人的，她找不到這種火來點香，失望地走回墳前，對佛陀說：「大德世尊，我走遍了整個村落，每一家都有親人逝去，沒有家裏不死人的啊！」

佛陀見時機成熟，就對婦人說：「這個世界上的一切事物，都是遵循著生滅、無常的道理在運行。有生必有死，誰也不能避免生、老、病、死、苦，并不是只有你心愛的兒子才經歷這變化無常的過程啊！」

福報如存款

人的「福報」像銀行的存款，即使家財萬貫，任意揮霍終究散盡敗落。一生的困乏亨通，點點滴滴都是有因有緣的。人生只有因果，沒有偶然。行善積福得快樂，造惡消福感痛苦。惜福、積福，由樂趨向樂；只是在消福不再積福，定會由樂趨向苦。當怨尤現前的痛苦果報時，應調正心念，應知此為昨日種下的因緣；當福祿壽昌時，一定不要忘記為明天的幸福再播種善因。

請多觀照自心——嘉樣堪布禪語錄

231

不必後悔但要懺悔

事已做畢再生後悔，就如同一件心愛之物，落入滾滾江流已飄遠，而念念不忘、痛苦不堪一樣，徒增煩惱。後悔是一種耗費精神的情緒。後悔是比損失更大的損失，比錯誤更大的錯誤，所以不要後悔。但是我們必須要學會懺悔。「懺」是知錯，「悔」是能改。懺悔是一種進去和淨化的力量。懺悔具有以下幾個要點：

1.懺悔要有慚愧羞恥之心，要真正知道自己錯了。

2.懺悔要相信因果報應，知道自己的所作所為肯定會得到相應的果報。

3. 懺悔是要在我們發現錯了之後立即懺悔，不能等以後再說。

4.懺悔不是懺完就完了，懺悔最重要的就是「未來之惡更不敢造」，沒有這個心不能稱為懺悔。

請多觀照自心——嘉樣堪布禪語錄

誠願慈悲、智慧、清淨成為你的特質；善良、正直、熱情、友善成為你的性格；健康、快樂、財富、美譽、善親眷成為你的助伴。

請多觀照自心——嘉樣堪布禪語錄

對待家庭成員，無論是子女還是伴侶，要努力地克服自己的我執，而稍微修一點「菩薩之情」。無論對人還是對財物，如果陷於擁有的、佔有的、乃至是獨佔的、控制之情，這一定會是無盡痛苦和煩惱。若是具有菩薩之情，即是「無我之情」、利他之情、奉獻之情、不求回報之情，這樣一定會是輕鬆和快樂的。凡夫之情不但是佔有、獨霸，而且要求回報，并且要十足的回報，甚至是要加倍的回報，這樣的結果使自己和他人都不快樂，都生活在壓力或壓迫的情緒中。兒女、父母、夫妻都是因緣而聚，從長久時間看，聚散也是無常，苦樂也是無常。因此，要以智慧克服我執，不能只求利己；要像菩薩一樣，放下執著，修無我之情、利他之情來面對一切。珍惜當下緣分，若能够共同播種長久安樂解脫的因緣是最為智慧和久長的幸福。

請多觀照自心——嘉樣堪布禪語錄

一問：世道不太平，兵荒馬亂的時候，僥倖逃過了一劫，保全了性命，該有多麼的慶幸。假若當時，盜賊在後面追殺，一步步迫近，我知道被擒被殺必不可免時，當時的心情，慌張不慌張？

二問：假若當時，我終於被抓去了，就好像被抓的豬羊一般，知道自己必將被殺，當時的心情，惱恨不惱恨？慌亂不慌亂？

三問：假若當時，看見我的同伴，已經被殺被割，血肉模糊，慘不忍睹，當時的心情，驚嚇不驚嚇？恐怖不恐怖？

四問：假若當時，看見我的子女親人，被捆被綁將被殺害，哭喊求救，無路可逃，當時的心情，慘痛不慘痛？

五問：假若當時，刀已殺到我的身上，我的四肢殘廢落地，痛徹心肺，疼痛已極致，哭叫不出聲音來，但命還沒有斷絕，又不得馬上死亡，求生不能，求死不得，當時的心情，冤恨不冤恨？痛苦不痛苦？

六問：假若當時，我

請多觀照自心——嘉樣堪布禪語錄

本來將被殺害，忽然遇到了一位盜賊，釋放了我并叫我趕快逃走，當時的心情，歡喜不歡喜？

七問：假若當時，突然又有一盜賊，我跟他根本無冤無仇，却來勸阻人家不要釋放我，一定要置我於死地，當時的心情，仇恨不仇恨？

八問：假若當時，盜賊忽生慈悲心腸，打算全部赦放我們，凡是被抓之人，全部可望重獲生機，忽然又有一盜賊說我們生下來就是這個命，應當全部被殺死才對，當時的心情，憤怒不憤怒？

九問：假若當時，我

們的同伴中，大多受傷殘廢生病，本來有人打算釋放我們，又有一盜賊，大不以為然地說我們是廢物，存活機會也不大，不如殺了，結束我們這些殘缺無用的生命，當時的心情，怨恨不怨恨？惱怒不惱怒？

十問：假若當時，我們的親人中大半都是嬰幼孩童，本來打算釋放他們，又有一盜賊更不以為然地說這些幼小生命，即使不殺他們，自己也活不了，倒不如蒸熟來吃，肉特別鮮嫩可口，當時的心情，怨恨不怨恨？

緣何夫妻間不和睦

有些夫妻間感情不好，沒有親情關愛，丈夫或妻子認為對方性格惡劣，種種不是，夫妻間總是發生各種矛盾摩擦，惡語爭吵，甚至大打出手，如同不共戴天的仇敵，這些除了因為今生彼此相處沒有磨合得很好外，最主要的是他們各自往昔邪淫罪業的果報所致。

因此，夫妻間不要互相怨恨、嗔恚，更不要再繼續去做傷害對方的事情，應當認識到這是自己往昔造惡業所成熟的果報，應當生安忍心、懺悔心、發願從今後止息邪淫的決心。

 請多觀照自心——嘉樣堪布禪語錄

斷除邪淫的十種功德

第一，可以獲得諸根律儀，為人行事雷厲風行。第二，可以安住離欲清淨之中。第三，不會觸犯惹惱他人。第四，世間大眾都會喜歡。第五，一切大眾都很樂於觀看。第六，能够發起精進求道之心。第七，可以洞察生死禍患。第八，為人大度，樂善好施。第九，始終樂於求證正法。第十，身相壞滅命終之後，可以投生善道。

如果能將止息邪淫這種善根迴向無上正等正覺，此人不久必然能得無上智慧。

請多觀照自心——嘉樣堪布禪語錄

使人生不順的潛因

很多人都覺得自己很善良，也沒有做壞事，但命運總是不順。所以他會覺得很無辜。許多時候，人的念頭，尤其是知見，會影響命運。

比如，人會貧窮。貧窮是什麼原因，許多人會說，是自己前輩子沒有佈施啊。這是原因，但還不夠。今生的念頭不對也是個因緣。看不起金錢，看不起有錢人，仇富，一直持這樣的心理也會貧窮了。因為如果不尊重金錢，也就得不到。如果有尊重金錢，隨喜有錢人的福報，要尊重他們的福報，慢慢就會有錢。

比如讀書，首先要尊重知識，尊重老師，尊重讀書人。也不要說，考上北大清華有什麼了不起啊。不要有這個念頭，這個就是不尊重知識，以後就得不到知識。

婚姻也一樣，千萬不要說，天下男人女人都是不好的，結婚是很苦的。然後相親了一個又一個，常常看不起對方，這樣子以後婚姻就很難順利。尊重家庭，尊重婚姻，尊重感情，尊重兒女，尊重對方，這樣子婚姻就會順利。

　請多觀照自心——嘉樣堪布禪語錄

人心中要是有傲慢、偏見，這個也是障礙。自己沒錢，還看不起有錢人，咒罵人家是暴發戶。這個就是大傲慢。自己沒有文化，看不起讀書人，也是大傲慢。遇不到好的人，就說天下沒有好人，這個也是大傲慢。這個傲慢，是對命運最大的挫折。

好比說，如果吃素了，持戒也持得很好，這就是事相上修持很好。但總是看不起吃肉的，毀戒的人，這個就是傲慢習氣。有這個傲慢，也會落入三惡道。

佛法講的，要尊重一切眾生，尤其是超過我們的，不管是世間的成就，比如當官的、有錢的、名氣大的，還是出世間的成就，包括出家修道的。我們都要讚嘆他，恭敬他，千萬不要去輕視他，看別人哪裏有不對，就全盤否定他。不要動不動說夫妻是冤家，兒女是債主，也不要總是說金錢是毒蛇，人心是險惡。要相信這個世界的美好一面，善良的一面，多去想正面的、良善的這面。人要是能找好處的話，就活在天堂之中，內心光明的氣場就多。

一心找碴兒的話，就活在地獄之中，盡是暗厶。

如何帶好小孩

華智仁波切說過：不讚幼稚之孩童。孩子小的時候，心智不成熟，對是非對錯的判斷都是茫然無知的。心理的放縱和收斂，完全跟隨父母的喜怒而轉。所以，對於聰明有才智的孩子，尤其要抑制他的驕慢自負和自大，嚴加教育，讓他懂禮數，有教養，打好賢善人格的基礎。

多鼓勵孩子，讓他建立自信和面對挫折勇敢堅強是沒錯的，但父母不能過分溺愛子女，讓其任性放縱無所束縛，又常常誇讚不已，助長其驕慢放縱，一旦堅固成性，再想收斂改正就很難了。這樣長大後，既沒有教養又目空一切，變成一個自己也空虛別人也討厭的人，處處碰壁，常常不如意，挫敗失意。

人的性情在青少年時期尚未決定，這時通過教育對於他日後的成長有很大作用。成人之後，性格脾氣已趨穩定，要想改正不良習氣，就更難了。所以

請多觀照自心——嘉樣堪布禪語錄

241

在性情未定的青少年時期，須要做良好的教育。全知麥彭仁波切這樣說過：五歲以前的幼小孩童要用慈愛的態度養育；在五歲到十六歲之間的孩子，要像怨敵一樣折伏他們的惡習和不正確的品行，嚴加管教，讓他們進入善規正途當中；十六歲

以後已經成人，愛護這些子女應當像對親友一樣親切友好。

在《佛說善生經》裏面，佛陀對在家人宣說了夫妻相處之道：丈夫該怎樣對待妻子呢？

其一，「憐念妻子。」要體貼和關懷妻子。夫妻雙方應互相尊重、恩愛，以誠、以禮相待，不能起初如膠似漆，而後不共戴天。

其二，「不輕慢。」不應輕慢自己的妻子，尤其不能惡言相向、輕辱詆毀，以平等尊重心相待。

其三，「為作瓔珞嚴具。」為妻子提供種種方便條件，裝飾打扮自己的妻子，以示愛意。

其四，「於家中得自在。」充分信任自己的妻子，讓她在家有一定的自由權，對其操持家務，不多加干涉。

其五，「念妻親親。」常對妻子親愛信任，不現疏遠之情。（也有解釋為，應當顧念妻子的親屬，對妻子娘家的人要以禮相待。）

妻子應如何承侍丈

請多觀照自心——嘉樣堪布禪語錄

243

夫呢：一者，重愛敬夫；二者，重供養夫；三者，善念其夫；四者，攝持作業；五者，善攝眷屬；六者，前以瞻侍；七者，後以愛行；八者，言以誠實；九者，不禁制門；十者，見來讚善；十一者，敷設床待；十二者，施設淨美豐饒飲食；十三者，供養沙門梵志。

對此，太虛大師如是注解：十三者，總其義，即須專愛無異念，常侍奉飲食起居之事，以誠敬相從，夫唱婦隨，治家作業，更能善念夫之眷屬，如此可謂賢妻矣，福德必有增益而無衰損。

夫妻相聚是緣，無論善緣、惡緣，都該善自珍重。夫妻相處，也是共同成長的過程。

請多觀照自心—— 你還好嗎？

對於飲食的量，佛在《毗奈耶經》中說：「腹內四分之二進食，四分之一飲水，四分之一空置。」飲食適中，不宜過飽或過餓。吃得過多、過撐或過少、過餓都不適宜。如果過多，撐得難受，且容易昏沉、瞌睡；如果過少，或一直處於饑餓狀態，體力不足，身體虛弱，或心思都在想著飲食中，注意力渙散不易集中，難以集中精力聞思修行。

對於飲食，儘量不要貪著美味。《心性休息大車疏》中說：「進餐時應當以四想而享用：於食物作不淨想；心中生起厭煩想；為利益腹內蟲類而食想；身體作駛向菩提果之大船想。不應以增長貪愛之心來享用飲食。」如此，吃飯既可以強壯身體，維持生命，同時也成為修行。

對於是否吃素的問題，如果能够吃素是非常好的習慣。吃素可以避免食用眾生肉，這樣既可以培養慈悲心，又能够直接或間接地減少和避免殺生，飲食清淨，減少造作

惡業，非常值得稱讚。吃全素者也應當適當注意營養搭配，合理膳食，強健體魄。但佛也并沒有要求人人都一定要吃素，學佛了就必須要吃素，否則就不允許學佛，佛從沒有這樣的要求。因眾生根基不同，條件有別，所處環境各異，因此，佛對於還不能吃素的眾生開許吃三淨肉，這樣最低限度是絕對不要殺生。以殺害其他眾生的代價來維持自己的生命或來滿足口腹之欲，這是佛所不允許的。因為這樣既給其他眾生帶來傷害，長遠來說，也給自己帶來極其嚴重的傷害。

身體是我們生存、生活和更為重要的——修行的載體。沒有身體，一切都無從談起。世間與出世間的一切事業都依賴人身成辦。

所以，我們應當好好愛護和珍惜我們的身體。而身體依賴飲食長養，因此我們也要合理飲食，健康身體。但是，如果過分執著身體，將時間和心思都放在如何美化和健美身體上和放在如何享用美食上，就又偏離了正確的方向。

怎樣才能人際和諧

我們每個人，總免不了要生活在群體當中，與別人接觸，與他人協作。不管是在社會的群體還是佛教的團體當中，彼此應多些關照，多些幫助，多些包容和體諒，少些指責、傷害和漠視。心當如大海，不管發生了什麼事，不管聽到什麼話，都讓它沉澱到心海當中，包容它，消化它。多說喜悅的語言、慈悲的語言、鼓勵的語言，愛語、法語。多看別人的優點，多些讚賞和肯定。這樣，自己的心也澄淨，別人的心也舒暢愉悅。

 請多觀照自心——嘉樣堪布禪語錄

無心與有心

無論遇到什麼事，你要能以無心處之，以無心應付，那便會無心而有心，你不會有煩惱。事情來了，也不要緊，隨緣處理；事情去了，更不要緊，完結便放下。就是事來則應，事去則靜，無心善用，沒有執著心，沒有妄想心，沒有攀緣心。

遇事的心態要以無心而對，而做事的態度則要以有心而為。凡事認真地做，投入地做，不馬馬虎虎，也不敷衍了事，不苛求盡善盡美，但求做過了不生後悔。這樣，無論是生活中，還是修行上，你准定能夠做得很好。

請多觀照自心——嘉樣堪布禪語錄

用心內求是根本

淨除煩惱和習氣需要修持。試圖通過一些外力去增加修為是行不通的，真正能夠提高修為的只能是內心深處的感悟。在生活中也是一樣，僅僅追尋一種形式來提升自己是不夠的，必須用心去感悟生活。

請多觀照自心——嘉樣堪布禪語錄

沙漠中取水

一個人在沙漠中迷失了方向，當死亡一步步逼近的時候，他突然發現遠處有一座破舊的茅屋，沒有窗戶，也沒有屋頂。

他艱難地走到那裏，在茅屋快要坍塌的墻壁旁有限的一點陰涼處，躲避著高溫和沙漠中灼熱的陽光。他環顧四週，欣喜地看到一個生了銹的泵壓水井。他拖著沉重的身軀靠近水井，拿起手柄，開始用力往下壓，一下，又一下，然而他失望了，一滴水都沒有打上來。

他絕望了，一下子倒在地上，忽然，他又發現在他的旁邊有一個瓶子，他抹去上面的塵土，看到有個字條寫道：我親愛的朋友，要想使用水泵，你必須首先把這個瓶中的水灌入井中，然後請在離開前再將水瓶灌滿。

他擰開了瓶蓋，發現裏面竟然裝滿了水！然而此刻，他又突然意識到自己陷入了兩難境地：如果喝下瓶中的水，他將得以生存下

去。但如果把水倒入井中，那還有可能打上來更多的清涼爽口的水，想喝多少就可以喝多少。又或許正好相反，即使把水倒入井中，最終還是一滴水都沒有，而那時候，瓶中的水也享受不到了。

該怎麼辦？在剎那間，他決定把水倒入井中。然後，迅速地抓起手柄，開始壓水，可是依然沒有一滴水流出來。他沒有放棄希望，仍用盡全身的力氣，這時水井開始發出隆隆的響聲，繼而流出來長綫般的水流。水流開始慢慢地變粗，終於他看到了如泉湧一般的透徹的清水嘩嘩地流了出來。迷路人迫不及待地把瓶子裝滿了水，一口氣喝了下去。

然後，他重新將瓶子裝滿，準備留給後來的路人，并且在字條上加上了一句話：相信我，這是真的！

在人生的沙漠中，眾生是迷路者，覺悟者佛陀是已經智慧到彼岸者。沿著覺悟者指點的道路前行，必會到達彼岸。

請多觀照自心——嘉樣堪布禪語錄

不如意的根源

現在很多人常常覺得沒有安全感，時常感受怖畏、恐懼。本來很希求好的因緣，却往往怨敵特別多。做事希望能够順利些、好運些，可是却處處不如意、不順心。希望有個健康的身體，可是却一直生病。希望財富圓滿，可是却一直擺脫不了貧窮，即便付出再大的努力，也賺不到錢……總之，一切都很難如意和順遂，總感覺不幸福。其實，這不是自己的運氣差，主要是自己前世造的惡業太多、善業很少的緣故。尤其是前世殺生比較多。

請多觀照自心——嘉樣堪布禪語錄

惜福

你所浪費的正是他眾所渴求的。請珍惜每一分資源，惜福、不消福，多多培福。

你所珍惜的也正是他眾所珍惜的。請尊重每個生命，不傷害；愛護每一個生命，慈心不殺。福多、業少，歡喜就會像影子一樣須臾不離你左右。

惜緣、續緣，善緣、惡緣、不善不惡緣，一面緣，生生世世緣，長久緣、短暫緣，大家總能相遇，親、怨、助、毀、苦、樂不斷上演。

無緣不聚，相聚皆有緣，了惡緣，而後培植善緣。所以，學會善待、原諒和懺悔。善待相遇與還未遇的每個眾生，因為輪迴裏大家彼此總會相遇。原諒他眾對自己的傷害和帶來的苦惱，因為這些源自自己對他眾的傷害。懺悔自己過往所做的一切錯事，因為這是清淨障礙的妙方。

請多觀照自心——嘉樣堪布禪語錄

如何讓幸福登門

任何一件事情或者一種結果都是由因而生的。凡事如果具足了因，就一定會產生果；如果因不具足，果無論如何都不會顯現；若是因遭到破壞，果就不會顯現；即使因已經產生了，但如果有破壞因的外緣加入，果也不會成熟。就好像種子，有了種子，把它播種在田地裏，在陽光、水分等緣具足的情況下，可以長成莊稼；如果沒有種子，就長不成；如果種子也有，但是被火燒焦了，也不會長出莊稼；如果種子也有，水、土、陽光等緣也有，但是生了蟲子，吃盡芽苗，也不會長成莊稼。世上一切果都是因緣而生，善法安樂如此，惡業煩惱也是如此。我們要學會觀察自己的起心動念，當生起善念，比如信心、大悲心、清淨心、懺悔心、斷惡心、六度萬行的心、求佛果的心等，要培養、壯大它；當不善的念頭、惡的念頭起現的時候，比如對財物或是對人的貪

欲心、嗔恨心、嫉妒心、傲慢心、害心、邪見等，要想辦法對治和破壞它，不讓它繼續生長和滋長。善於護持自己的心，控制自己的行為，一定會常常收穫快樂、幸福和安樂，不會遭受任何痛苦的果報。

微笑最美

善良美好的心態能讓世界光亮、溫暖，真誠燦爛的笑容能讓世界芳香、柔和。微笑是一種靜默的力量，在順境中，微笑是嘉獎；在逆境中，微笑是堅持；在疾病中，微笑是良藥；在矛盾中，微笑是化解劑。學會微笑，讓微笑成為善美之心的信使，給每個與你謀面的人捎去真誠、熱情和友善，帶去陽光的味道、大海的胸襟。微笑的那一刻讓人最漂亮、最可愛。

請多觀照自心——嘉樣堪布禪語錄

256

遠離不幸

能常常無煩惱，智慧現前，非人、鬼神也無隙可乘對你做損害。一旦生了欲念，無明障起，它們便容易趁機而入對你做侵損，亂其心、擾其行。八萬四千種病，都有前因後果。因與果互為經緯。你若明白了這個道理，一定會謹慎身口意，一點兒錯事也不願做、不敢做，也不會無所忌憚地講粗惡語、妄語、綺語、離間語，也不會任貪嗔痴滋長、膨脹，因為錯了一定要受因果、一定會感得苦報。這是自然規律，任誰也改變不了。所以我們要常常「隨緣消舊業，更莫造新殃」。稍許放逸的行為都不要做，隨時隨地提高警覺，不去害人，只去利益人，那樣什麼不幸也不會發生，善神常護持左右，惡神、鬼魅也找不到你的麻煩。

請多觀照自心——嘉樣堪布禪語錄

三種要保密的事

華智仁波切在《自我教言》中說，我們應當恒常隱秘和保密的三種事：隱秘自己之功德，隱秘他人之過失，隱秘未來之計劃。

「隱秘自己之功德，」即便自己真的具足很多功德，比如嚴持淨戒、具足智慧、具足禪定等，也都不能在別人面前宣說和炫耀，必須保密。在未入不退轉地之前，這些真正的功德也會因宣揚而減滅。所以，有智慧的人不會宣說自己的功德。

另外，如果到處宣揚和炫耀自己的一切世間福報，比如財富、容貌、健康等，也不是非常好。一方面，增長自己的傲慢與執著；另一方面，可能會引起別人嫉妒而帶來很多的障礙。所謂炫耀什麼就容易失去什麼。

智者更多的是常常觀察自己的過失，「隱秘他人之過失」，不輕易說別人的過失，尤其是貶低別人抬高自己就更不好了。因為大家都是凡夫，別人即便有很

多缺點和不足，我們自己因為智慧不圓滿、煩惱充滿而會有偏見和主觀臆斷，所見、所說未必就更接近於真相。

而且常常觀察和宣講別人的過失，會加深自己不好的習氣，忽略和不見自己的過錯和不足。如俗語所說：「經常看到別人臉上的虱子而看不到自己臉上的牦牛。」

第三個是「隱秘未來之計劃」，對自己未來的計劃想法一定要保密。一般來說，真的計劃在還沒實現之前，說出來會產生違緣，故不宜泄露。另外，世間的一切本就都是無常的，一切都有很多的變數在裏面，常常是計劃趕不上變化，因此也沒有必要提早到處去講。

 請多觀照自心——嘉樣堪布禪語錄

煩惱來自自心，苦樂是心的感受。如果想要擺脫諸般苦惱，應當常懷知足，常感念恩德。感恩便是知足，知足而能常樂。知足的心便是福樂安穩之處。知足的人即使睡臥於地，也會覺得安樂；不知足者就算居於天堂，亦不會稱心如意。不知足的人即便富有，還是窮人；知足者就算貧窮，却總是富有。不知足的人常會被財、色、名、食、睡五欲所牽絆和挂礙，因而常感苦惱。

請多觀照自心——嘉樣堪布禪語錄

260

無常是生命的動力

很多的人特別避諱提到和聽到「死亡」或「生命無常」這樣的字眼和話題。他們覺得不吉利。其實，無常是一個客觀規律，提與不提，它都像影子一樣在世間存在，不會因逃避而吉利，也不會因面對就不吉利。

生命就是無常的。一切的事物，包括你的思想、念頭也都是生滅變化的。有情之間的親疏也是變化無常的。世間沒有一個法不是生滅無常的，就像火天生是熱性的、水天然是濕性的一樣。佛說，生際必死、積際必盡、高際必墮、合久必分、堆際必倒，是為無常。

如果正視無常，面對和接受它，雖然不能改變它，但是可以積極行動以應對無常，因而令人生不虛度、更積極主動、做更有意義的事，這就是吉利的。反之，一味逃避，不願面對，自我蒙蔽，當無常顯現的時候措手不及，痛苦不已，這才是不吉利的。

請多觀照自心——嘉樣堪布禪語錄

當你真正認識了無常，還會執著世間的一切嗎？還會將時間無益消磨嗎？還會不屑於積善而大肆造業嗎？還會不為解脫輪迴精勤修行嗎？我想，你一定不會的。

金子好還是爛泥好

智者問：你覺得一粒金子好，還是一堆爛泥好呢？求道者答：當然是金子啊！智者笑曰：假如你是一顆種子呢？

其實，我們特別需要換位，或者改變角度思考和看待問題。單一的角度讓我們狹隘而目光短淺。換個心境，或許你會得到解脫。換一種心態，或許你的生活會有全新的改變。換一個角度思考，或許你會對事物的認識全然不同。換一種考量標準，或許會顛覆你的選擇。換位思考會讓你的視角大不相同，改變了觀察角度，你智慧的眼看到的才更近乎於真相。佛法的修行中，換位思考和改變視角看問題是一個必要的訓練。比如，以不同的角度去觀察自己與親人

或者怨敵的前世、今生以及後世的親疏、恩仇關係，你就會放下親怨的執著，而生起平等的慈、悲、喜、捨心。辯證的剖析「人我」與「法我」，你會生起空性的智慧。

請多觀照自心——嘉樣堪布禪語錄

如何具有魅力及得到喜愛

一位年輕人請教智者，如何才能具有魅力以及真正贏得別人的喜愛。

智者告訴他：「你能隨時隨地和各種人合作，并具有和佛一樣的慈悲胸懷，講些禪話，聽些禪音，做些禪事，用些禪心，那你就能成為有魅力的人。」

年輕人問：「禪話怎麼講呢？」智者回答：「禪話，就是說歡喜的話，說真實的話，說謙虛的話，說利人的話。」

年輕人又問：「請問禪音怎麼聽呢？」智者回答：「禪音就是化一切音聲為微妙的音聲，把辱罵的音聲轉為慈悲的音聲，把毀謗的聲音轉為幫助的音聲，哭聲鬧聲，粗聲醜聲，你都能不介意，那就是禪音了。」

年輕人再問：「那請問禪事怎麼做呢？」智者回答：「禪事就是佈施的事，慈悲的事，服務的事，合乎佛法的事。」

「禪心怎麼用

請多觀照自心──嘉樣堪布禪語錄

呢？」年輕人繼續問。

智者答：「禪心就是包容一切的心，普利一切的心。」

年輕人聽了之後，一改從前的習氣，在人前不再誇耀自己的財富，不再恃才桀驁，對人總是謙恭有禮，關懷體恤，不久便得到了周遭人發自心底的尊敬和喜愛。

不憂惱的方法

面對憂惱不快的麻煩事，生煩惱還是保持樂觀豁達在於轉念間。事事都是自己調伏嗔恨、修持安忍的修行。無論多麼糟糕的事，發生了，先要好好觀察，如果還有扭轉的餘地，就沒有什麼可不高興的；如果已經無法改變，憂惱又有什麼用呢？如果事情還可以改變，我們首先就不要不高興而應當歡喜，因為它還可能改變，那就想方設法去扭轉它，盡力去做補救的措施，想辦法去改變局面，因為事情還沒有到不可扭轉的境地。如果已經到了完全沒有辦法改變的程度，也沒必要憂惱，更沒必要起抱怨、生嗔恨，因為這些對改變結果根本無濟於事。

凡事都是有因有緣的，除了當下的近因之外，還有遠因。很多自己遇到的不悅意、起障礙的事情，往往和自己以往所做的業有很大的關係，當前的事情只是一個近因或誘因而已，往昔可能做過一些不好

的、惡業的行為和發
心，導致現在自己的身
心感受痛苦、起現種種
障礙。無論怎樣，面對
當下要讓自己做個樂觀
豁達的人、常習安忍、
勇於改變、敢於接受、
坦然面對，也要捨惡求
善，為未來播下更多、
更永久的安樂。

讓種子發芽

寺廟裏有塊空地，師父正拿著些花籽在播種。一位倍感生活工作失意、滿心愁雲的小夥子常來寺廟尋求清淨，看到了，也拿了些種子，幫助師父一同播種。

過了一段日子，小夥子發現同師父播種的那塊地裏已經長出了苗芽。

可是很奇怪，師父播種的那邊都出了芽，自己播種的這邊卻一點兒動靜也沒有。他好奇地去師父那裏詢問原因。

師父問：「你是怎樣播種的呢？」「種子生長不是離不開泥土嗎？於是我便挖了深深的坑，把花籽放進去，然後蓋上厚厚的泥土。」小夥子回答。

「哦，你給種子包裹得太深啦。種子生長需要泥土、離不開泥土，但并非埋得越深越好，泥土蓋得越厚越好。」師父微笑著對年輕人說，「就好像生活中也一樣，再好的東西，再需要的東西，也要適可而止，否則，只會適得其反，你說是不是？」

小夥子贊同地向師父點點頭。師父繼續溫和地

請多觀照自心——嘉樣堪布禪語錄

268

說：「其實啊，佛性就似種子，你知道嗎？眾生

　都有佛性，本性是佛，本來具有同佛一樣的無礙神通、廣大智慧、無量悲心，但是，因為被無明執著、種種貪嗔痴煩惱包裹起來了，所以心光無法顯露，成為煩惱眾生、痛苦眾生。貪嗔痴越重啊，心光被遮障得就越深，痛苦也就越深。」

　小夥子恍然大悟。

做個自在人

能够放下的人，是有智慧的人，是自在的人，是解脫的人。放得下的人，首先，應放下自己；其次，放下周遭所有的一切。

所謂「放下」，并不是沒有自己，而是指沒有對抗心，沒有捨不得之心，沒有執愛心。人人都是雙手空空地降臨人間，當離開人間時又能帶走什麼？一根草棍都帶不走！唯有此生的善、惡業如影隨形地跟著自己，為自己帶來苦、樂感受。一想到這些，你又有什麼東西「放不下」呢？怎會不懼怕造惡業，不想盡辦法行持善法呢？

隨時隨處對任何事物無絲毫牽挂或捨不得，能如此，才談得上是自在，是解脫。比如，有人蓄意誹謗，讓你名譽破損。這本是極難忍受的事，如果你能在名譽被破損時，還能保持心境坦然，毫無挂礙，那麼，名譽的損失對你而言，不會構成任何的威脅和壓力。

能够提得起的人是

請多觀照自心——嘉樣堪布禪語錄

慈悲的人，是能擔當、負責的人，是奉獻的人。佛陀放下王位出家修道，乃至成佛之後，又一肩挑起全人類的災難，為一切眾生的福利而宣揚佛法，就是慈悲心的展現。所謂「肩承擔」，是擔起責任，我們不能將自己應盡的責任和義務放棄。要放下的是「自我中心」、「愛我執」，但是責任和義務一定要「提起」，這是真正圓滿的放下，也是慈悲。能够放得下，是為了要提得起。放下自我，而奉獻出自己；放下私利，而成就社會大眾。提起之後必須放下，才會隨順因緣，舒卷自如，能大能小，自由自在。

請多觀照自心——嘉樣堪布禪語錄

271

看見自己的心

你有沒有常常觀察自己的心？當面對不同對境的時候，它是一顆渾沌煩躁的心、猜忌傲慢的心、怨懟憤怒的心、仇恨甚至殘忍的心，還是慈悲的、清明的、智慧的、清涼的心？負能量的心一定淤塞痛苦，燒灼生命；正能量的心蘊藏無限力量，處處陽光。

請多觀照自心──嘉樣堪布禪語錄

善護念

如果認為快樂和痛苦是來自外境，然後不斷地投注心力於改造外境，試圖避免或消除痛苦，得到快樂，這往往是徒勞和無法如願以償的。事實上，快樂或痛苦根本不取決於外境，而是源自心的本身：正面的、向善的、放下「我執」的心態醞釀快樂，負面的、惡業染污的、渾沌執著的心態製造痛苦。因此，時刻觀察自己的心最為重要，儘量克制煩惱和貪欲，避免一切惡劣的行為。凡事應該只做該做的事情，而不做想做的事情。

請多觀照自心——嘉樣堪布禪語錄

273

不是整個人像木頭、石頭一樣的枯坐就是禪定，而是要使身心達到一種極度寧靜和極度清明的狀態。不著外境的一切物相，是禪；內心安寧不散亂，是定。如果執著物相，內心就會散亂；如果離開一切物相的誘惑及困擾，心靈就不會散亂了。我們的心本來很清淨安定，只因被外境物相迷惑困擾，就如同明鏡蒙塵，活得愚昧迷失了。

心在哪裏身在哪裏

思量人間的善事，心就是天堂；思量人間的邪惡，就化為地獄。心生毒害，人就淪為畜生；心生慈悲，處處就是菩薩；心生智慧，無處不是樂土；心裏愚痴，就處處都是苦海。

在普通人看來，清明和痴迷是完全對立的，但具慧眼者却知道它們都是自己的意識，沒有太大的差別。人世間萬物皆是虛幻，都是一樣的。生命的本源也就是生命的終點，結束就是開始。財富、成就、名位和功勛對生命來說只不過是生命的灰塵與飛烟。心亂只是因為身在塵世，心靜只是因為身在禪中，沒有中斷就沒有連續，沒有來也就沒有去。

請多觀照自心——嘉樣堪布禪語錄

佛在《大莊論經》講了這樣一個故事：有一個富家媳婦，因為常常被婆婆責罵，便賭氣走進林中，想自殺了結生命，自殺沒有成功，她便爬到樹上，想暫時安歇一個晚上。樹下有一個池塘，她的身影倒映在水中。

這時走來一個婢女，挑著水桶準備取水，看見水中的倒影，以為就是自己，便自言自語地說道：「我長得這樣美麗端莊，為什麼替別人挑水呢？」立即打破水桶，回到主人家中。

她對大家說：「我長得這樣端莊美麗，為什麼還讓我幹挑水這種粗活？」

大家議論道：「這個婢女大概是被鬼魅迷住了，所以才會說此蠢話，幹此蠢事。」也不理睬她，又交給他一隻水桶，再叫她去取水。婢女重新來到池塘邊，又看到了富家媳婦倒影，便再次打破水桶。

富家媳婦在樹上目睹這發生的一切，忍不

住笑了。婢女見水中之影笑了，便有所覺悟，抬頭一看，見一個婦女坐在樹上微笑，她容貌端莊，服飾華麗，非己可比，覺得很羞慚。

佛說：「我為什麼要講這個故事呢？是因為世上有倒見愚惑之眾。」於是釋迦牟尼佛說了一句禪語：「末香以塗身，并熏衣瓔珞。倒惑心亦爾，謂從己身出。如彼醜陋婢，見影謂己有。」釋迦牟尼所說之禪語是從婢女誤認富家媳婦之倒影為自己的角度來闡述的，他把這種現象，稱作「倒惑」。倒惑所看到的假像，實質上是一種心理活動，或者說是一種潛意識。婢女為什麼會「見影謂己有」呢？因為在她潛意識中，就是希望自己長得漂亮，擺脫粗重的勞動。她上當了，她是上了水中倒影的當嗎？不是。她是上了自己眼睛的當嗎？不是。她是上了自己求美之心、怕苦之心的當。

世人很容易受騙上當，皆因心有「倒惑」，因而會被假像所迷住，看不清事物的本質。

 請多觀照自心——嘉樣堪布禪語錄

277

改己才能改人

認識自己，調服煩惱，降伏心魔，改變自己，才能改變別人。學會收斂心與眼，不往外去看別人的過錯，常常向內觀，省察自己的錯。肯認錯，是美好的，是一個大修行。凡事都說是別人的錯，認為自己才是對的，不肯認錯，本身就是一個錯。心中裝滿的都是自己的看法與想法，就永遠聽不到別人的聲音，也發覺不到自己的不足與過錯。

請多觀照自心——嘉樣堪布禪語錄

如何讓自己活得快樂

有三個愁容滿面的人，請問師父，如何才能使自己活得快樂？師父：「你們先說說自己活著是為了什麼？」

甲道：「因為我不願意死，所以我活著。」

乙道：「因為我想在老年時，兒孫滿堂，會比今天好，所以我活著。」

丙道：「因為我有一家老小要撫養。我不能死，所以我活著。」

師父：「你們當然都不會快樂，因為你們活著，只是由於恐懼死亡；由於等待年老；由於不得已的責任，却不是由於理想，由於責任，人若失去了理想和責任，就不可能活得快樂。」

三人齊聲道：「那請問師父，我們要怎樣生活才能快樂呢？」

師父：「那你們想得到什麼才會快樂呢？」

甲道：「我認為我有錢就會快樂了。」

乙道：「我認為我

 請多觀照自心——嘉樣堪布禪語錄

279

有愛情就會快樂了。」

　　丙道：「我認為我有名就會快樂了。」

　　師父聽後，深深不以為然，就告誡道：「你們這種想法，當然永遠不會快樂。當你們有了金錢、愛情、名譽以後，煩惱憂慮就會隨著後面佔有你。」

　　三人無可奈何地道：「那我們怎麼辦呢？」師父：「辦法是有，你們先要改變觀念，金錢要佈施才有快樂，愛情要肯奉獻才有快樂，名譽要用來服務大眾，你們才會快樂。」

請多觀照自心——嘉樣堪布禪語錄

木匠退休的禮物

有個老木匠即將退休，老闆捨不得他，要他再建一座房子再走。老木匠雖答應，但心已不在工作上，用的是差料，出的是粗活。當房子建好，老闆說這就是他退休的禮物。沒想到建的竟是自己的房子，他既羞愧又後悔。

很多時候，很多事情，我們做的時候看似在為別人而做，可實際上可能最終受益或受害的正是自己。因此佛陀教誡我們，發廣大心，發菩提心，凡事越是為自己著想，帶來的越是痛苦、不安和混沌，越是為他人奉獻，越是帶來安樂、吉祥與清明。佛陀因發了菩提心，數劫六度萬行，利益和奉獻眾生，他便早已成就佛果。我們凡夫一直自私狹隘，處處以自己為出發點，故此至今仍輾轉六道、流浪生死。

請多觀照自心——嘉樣堪布禪語錄

做最好的自己

處於世俗煩惱，要常能安忍，更要善於轉煩惱為慧見；處於世事紛擾，要能安守清閒，更要善於處旋渦處仍持清淨心；心中牽挂處，要能拋捨得開，更要善於對人、事、物報以無分別平等捨；處於濃艷境地，要能淡然處之，更要能安然持守清淨戒律；處於失意憤怒時，要能穩定情緒，更要善於熄滅嗔怒起生慈心。做事盡最大努力，做最壞打算，抱以平常心，住以最好心態，不急躁不驕慢。

請多觀照自心——嘉樣堪布禪語錄

282

打碎了養鷄場

一位農婦不小心打碎了一隻鷄蛋，這本來是一件生活中的小事，可她想的是：這是一隻鷄蛋呀，它可以孵化成一隻小鷄，小鷄長大後是一隻母鷄，母鷄又可以下很多蛋，蛋又可以變好多鷄。越想越痛苦，天啊，我打碎的哪是鷄蛋，分明是一個養鷄場啊……

反思一下生活中我們的煩惱，是不是都有農婦的影子呢？靜靜地看著鐘擺，一擺一擺，那麼，在我們的生活中煩來煩去、聊來聊去、爭來爭去、吵來吵去的，不都是在使用著我們有限的生命嗎？！

背負的人生行李會壓得你無法前行，要學會選擇、取捨和放棄。放棄需要勇氣，更需要智慧。

珍惜有限的緣分

時間是極其不經用的，人生是極其短暫的，幾十年、上百年也只不過是轉眼間。父母、兒女、兄弟姐妹、親朋、同事、道友，每個人一生會與很多人有各樣因緣，或長或短，或好或壞，無論何種情形，都只不過是互相陪伴一程而已，在一起就是一種緣分，能够相互珍惜、維護、善待、寬容、理解、體諒，則生命的每一天都會變得有溫度和光亮。

請多觀照自心——嘉樣堪布禪語錄

放下「花瓶」

有一個婆羅門，一次帶了兩個花瓶去見佛陀。佛陀一見面就叫他「放下」，婆羅門依言放下手中的花瓶。

佛陀又叫他「放下」，他又放下了另一隻花瓶。

佛陀又說：「放下！」婆羅門不解：「我都已經放下了，你還要我放下什麼呢？」

佛陀說：「我叫你放下，不是叫你放下花瓶，我是要你將傲慢、驕嗔、嫉妒、怨恨等不善的念頭與不好的情緒，都要放下。」

一個人，如果好名，就會被名枷所綁；好利，就會被利鎖所縛；陷在狹隘自私的感情裏，就會被愛所執；對金錢放不下，會成了金錢的奴隸；對物質放不下，會做了物質的囚徒。枷鎖能束縛人，是因為自己不肯放下。要學會放下身段，能大能小、能伸能屈、能有能無、能高能低。該擔當時要拿起，當放下時能捨棄。不掛念未來，不排斥當下。

 請多觀照自心──嘉樣堪布禪語錄

為人處世，要處理好兩個基本的關係：一個是與物的關係，一個是與人的關係。

處理好與物的關係，就是要放平心態，善待、善用財富，善於控制無限的貪欲。財富多者，不生傲嬌奢靡；寡者，不生嫉妒仇恨。不要因財富失了平和，增了煩惱，亂了情緒，造了惡業，迷了方向。

處理好與人的關係，要「看人長處、幫人難處、記人好處」。看人長處，既能與人很好地相處，又能取長補短進步自己；幫人難處，贈人玫瑰，手有餘香。人立於世，誰都會遇到難處，將心比心，多出援手。能幫別人，也能被人幫；記人好處，知恩圖報，自心安，人敬重。感恩情懷猶如一縷陽光，能照亮和溫暖生活。

請多觀照自心——嘉樣堪布禪語錄

轉業才能改運

決定每個人命運的是業力，業力來自起心動念、言語、行為。善念、善行感得安樂，惡念、惡行感得痛苦。凡自己所造的業不會轉移到其他的地方去成熟，也不會轉嫁到他人的身上去成熟，唯有在自身上成熟。自己造業，自己將感受善惡業帶來的苦樂。因果不虛。

因此，我們一方面一定不要造惡業，另一方面要對曾造的惡業勵力懺悔。如果我們對所造的惡業不懺悔，它就會隨著時間輾轉增長，一天比一天、一年比一年更重。造的惡業時間越久，懺悔越難，積重難返。而新造的惡業，如果能立刻懺悔，則比較容易淨除。發現自己造惡業了，要當下懺悔，今天造的業今天消，這週造的業這週消，這個月造的業這個月內消，今年造的業今年內消。實在沒辦法，在死亡來臨之前也一定要懺悔，讓這輩子造的業這輩子消。

 請多觀照自心——嘉樣堪布禪語錄

腳步帶上靈魂一起走

有一個樵夫，他數十年如一日上山砍柴，然後就趕緊到集市去賣。這一天他覺得很疲憊，走到半路就在一棵大樹下休息了。過了沒多久，同伴剛好路過，看到他在那裏休息，就對著他說：「朋友，趕緊上路了，要不然你趕不上賣木材。」他回答說：「我先等一會兒，歇一會兒，等到我的靈魂跟上來了，我再接著走。」

對於循著慣性忙碌的人來說，停下來，靜一靜，想一想，充實智慧，觀照自心，是能夠朝著正確的方向走得更快、更遠的最好途徑。開智慧，具慈悲，身心調柔寂靜，生命的格局會完全不一樣。

請多觀照自心——嘉樣堪布禪語錄

丟了斧頭之後

一天，一個人家裏丟了一把斧頭，他懷疑鄰居家的兒子偷了他的斧頭。因為有了這樣的想法，他怎麼看鄰居的兒子都像個賊，連笑都賊眉賊眼，不像好人。有一天，此人無意中在自家床下發現了這把斧頭，這才恍然大悟，自己錯怪了別人，鄰居之子根本就不是賊，這時他再看鄰居之子就怎麼都不像個賊了。

正所謂，心裏有什麼，外境就現什麼。如佛經所說，心如工畫師，能畫諸世間。萬法唯心所現，你的心是什麼，外境就顯現什麼。

你是執著、不清淨的心，外境就是充滿障礙、污穢的世界。你是無執、清淨、平等的心，外境就是清淨、光明、美好的。你是凡夫心，你的世界就是世俗濁世。你是菩薩心腸，你的世界就是清涼、慈悲、歡喜、自在的。

枯坐的比丘

過去佛住世時，有一比丘發心遠離塵囂，來到鄰近河邊的僻靜森林，獨自一人於樹下靜坐，心中滿懷希求能在道業有所成就。不過這位比丘，身雖處於僻靜的林中，過著寂靜的生活，外表看似無求，但心中的欲望總是不能停息，當今日食用到好蔬果，飲用到甜美的泉水，景色怡人，身心就舒服暢快，若遇到氣候不佳或飲食粗糙，便心生煩惱甚至怨天尤人，心念隨著色、聲、香、味、觸等外境起伏不定，時而歡喜、時而憂愁，心中始終無法安定。如此日復一日、春去秋來，匆匆十二年的歲月過去了，這位比丘依然沒有得道，於是心生煩惱，想著：「我如此的用功，為何還是凡夫一個？」

佛陀知道這位比丘得度的因緣即將到來，就化作一位沙門，來到比丘居住的森林，與比丘一起精進用功。一日，夜幕低垂、明月高掛之際，兩位比丘共

同看見一隻烏龜從河中慢慢地爬上岸邊，而遠處一隻饑餓的狐狸正急於尋找食物，狐狸看見烏龜，張口就咬；烏龜為了保命，急急忙忙將頭、尾、四肢往殼內收。狐狸以前爪撥弄龜殼，發現無可奈何，就漸漸遠去，狐狸離開之後，好不容易保全性命的烏龜也緩緩將頭尾、四肢向外伸展，最後又爬回河中。

兩人皆看到這一幕，比丘告訴佛陀化成的沙門：「烏龜有保護生命的龜殼，所以狐狸無法傷害它。」化

沙門回答說：「世間的人，還比不上這只烏龜呢！烏龜遇到危難，知道收頭尾、四肢。而世間人完全不知無常殺鬼時時窺視，想要奪取自己的生命，反而恣情放縱眼、耳、鼻、舌、身、意六根，追逐外在的色、聲、香、味、觸、法六塵，造作種種惡業，使得煩惱魔、死魔、病魔有機可乘，就這樣隨著業力的牽引，在六道的輪轉中，無有止盡受百千萬種的苦難。這一切都是由於心念無法做主，才會感招生死流轉的苦果。」

 請多觀照自心──嘉樣堪布禪語錄

291

化沙門接著以一首
偈勸告比丘：「藏六如
龜，守意如城，慧與魔
戰，勝則無患。」比丘
聽聞此偈語，心開意
解，斷除對世間色、
聲、香、味、觸的種種
貪求，專注一心修行，
不久便證得阿羅漢果。

適履調心

我們無法糾正世界上的每一個人，使別人都合自己的心，使天下事都如自己的意。我們也不能填平全世界的溝壑、移去全世界的石頭和荊棘，使前進的路徑平坦筆直、讓要去的方向暢通無阻。想要走得更遠，走得坦蕩、自在，就得穿一雙適應坑窪、耐得了石頭和荊棘的鞋子。如果希望內心和平安詳，就要學會以寬容的心去接受一切，以包容的心去適應一切，以安忍的心去消融一切。

 請多觀照自心──嘉樣堪布禪語錄

如何消減瞋恨心

慈悲能治瞋。方法是作意思維一個能讓自己起慈悲心的對象、場景，比如羸弱、老邁或生病的父母，他們在經受痛苦、疾病或無奈、焦急等的情形，或者一個非常可憐、痛苦、悲慘的人或是動物，正遭受傷害、折磨、虐待、殺戮等的情景，來喚起自己的慈悲心，然後將這種慈悲心保持住。

一開始是對自己好的人，或者自己喜愛的人或動物經常起慈悲心，然後逐漸擴展慈悲的對境，對對你不好不壞的人、沒有關係的人或旁生起慈悲心，最後對對你不好的人，煩惱傷害了你的人也起慈悲心，理解他們也不過是隨業流轉的苦難眾生，是被煩惱所操控。多想對方的好，特意不去想他們的壞。

另外，每次起瞋恨的時候，要立刻能起覺照心，讓自己看到自己的情緒，并且反思自己在執著什麼才會產生這樣的情緒，然後逐漸放下執著。

如上方法常常做意、串習，久而久之瞋恨心就會減少并且完全消失。

請多觀照自心——嘉樣堪布禪語錄

294

交友恬淡致遠

與朋友、道友的交往宜淡如水。平平淡淡方顯真。如果因利益而交，利益發生衝突時，會矛盾，會反目，會交惡，會障慧，會失道。道義之交，恬淡久遠。保持內心清淨，寧靜，存善，對自己的過錯和不良習慣能悔懺克制，對友不苛責、不強求、不嫉妒、不攀緣，常懷包容、理解。細水長流，相融致遠。

請多觀照自心——嘉樣堪布禪語錄

釘釘子與取釘子

有一位年輕人極其優秀，可是他有一個致命的缺點：經常對別人出言不遜。父母、朋友總是勸他，他總是說：「這有什麼大不了的，不就是幾句話嘛，有什麼值得大驚小怪的？」然後依然我行我素。

一次年輕人對一位智者說了一句很不尊敬的話，別人批評這個年輕人，年輕人振振有詞地說道：「不就是幾句話嘛，我向他道歉不就可以了嗎？」智者聽了微笑著對年輕人說：「我可以原諒你。但是我要請你幫我做一件事。」

智者從口袋裏取出了幾顆釘子對年輕人說：「請幫我把這幾顆釘子釘在樹上。」年輕人接過釘子，按智者所說，釘在了樹上。

然後，智者又說道：「請你再把釘子取下來。」年輕人沒有說什麼，又開始取釘子。費了好些氣力和工夫，用各種工具，折騰了半天，釘子取下了。

請多觀照自心——嘉樣堪布禪語錄

智者來到了年輕人身邊，用手指著釘子留下的痕迹說：「釘子拔出來了，可樹幹上留下的深深傷痕却還在，是嗎？」

　　智者看著年輕人，接著平和地說：「年輕人，你知道嗎，語言對別人的傷害，就像釘子一樣，儘管你能取回來，可是你留給別人的傷害會像釘子留在樹上的疤痕一樣，永遠消除不了也很難彌補。」

　　年輕人聽了，猛然醒悟，說：「我現在終於明白出言不遜對別人會是多麼深的一種傷害，謝謝大師的指教。」智者聽了點頭稱讚。

請多觀照自心──嘉樣堪布禪語錄

能容忍別人的固執已見、自以為是、傲慢無禮、狂妄無知、假大虛榮，要靠極大的心量。受不了惡意誹謗、不遜攻擊，糾結於此，只能對自己造成致命的傷害。以德報怨說難很難，說易也易，只要肯放下。放下，與其說是回歸慈悲、友善與祥和，不如說是放過了自己。安樂吉祥的生活從何而來？是放得下耽著，修得來忍辱。

常覺常照

《六祖壇經》云：「自性迷即是眾生，自性覺即是佛。」一念不覺之際，迷蒙失念、起惑造業，便是無盡的輪迴；若能在煩惱之處，覺知面對，檢討反省、懺悔改過，更進一步在起念的當下，立即覺察、觀照，不再起妄念，如此日久串習，功夫精深，便能與道相應，安住自性，覺悟自心，照破無明。

請多觀照自心——嘉樣堪布禪語錄

慎始畏因

人之於惡習，往往不自知，或不自覺，甚或隨之任之，直到惡事臨頭方悔之晚矣。假如凡事能慎於始，謹言慎行，就不會事後懊悔了。佛經云：「菩薩畏因，眾生畏果。」菩薩具智慧，因此慎始畏因，不輕易種惡因、不隨便造惡業，也就不會有惡果；凡夫糊塗，不懂因果，只畏果不畏因，放任自己的所作所為，等到果報現前時就會又苦、又怕、又抱怨、又懊悔。若想要求得心安、無苦、無憂惱，就要從因起。多做對他人有利的好事，多說對他人有益的善言，多發對他人助的善心，斷除傷害和攻擊，必得心安，必無懊悔，必定快樂。

請多觀照自心——嘉樣堪布禪語錄

五欲假樂慧眼觀

世間的五欲樂——對財的貪欲，對色的貪欲，對名利的貪欲，對飲食的貪欲，對睡眠的貪欲，如果以慧眼看，它們是如夢如幻、稍縱即逝、了不可得的，并不是真正的樂。如果蒙昧智慧，深陷其中，必定會因欲生煩惱，因欲得痛苦。欲望燒人，就好像逆風拿火把，終將被燒傷。欲望害人，就好像踩著惡毒蛇，必定會被咬，受傷、中毒、身亡。人性本自清淨無為，只因蒙昧惑心、欲念遮障才失掉了寂靜安樂的本真。放下所有的執著，回歸自性，便能離憂愁苦惱、了生死輪迴、得真實大樂。

請多觀照自心——嘉樣堪布禪語錄

打開心鎖

人生不過短短幾十年，該如何很好地度過呢？有些人，遇到一些事，就把自己的心鎖在「牢籠」之中，整天愁眉緊鎖，甚至苦大仇深，甚至生不如死……其實，你可以將人生的一切人事物，看作是提醒自己成為更有智慧、更有愛心、更寬廣、更有力量的人……放下執著，解脫自己的心，學會安忍和諒解、接納和吸收。

請多觀照自心——嘉樣堪布禪語錄

諒解看起來是原諒別人，其實是放過自己。對於別人有意或者無心的傷害，如果一直放在心頭，念念不忘，使得自己美好的很快忘記、痛苦的常常想起，陷在痛苦泥淖裏無法出離。結果可能是讓別人的一次過失，懲罰了自己一輩子。真正傷害自己的，往往不是事情本身，而是你對事情的看法。與其懷恨在心，終苦一生，不如立即放下。看開、看淡，拿得起，更能放得下，人生原來可以如此美好。

請多觀照自心——嘉樣堪布禪語錄

你有放不下的木碗嗎？

大成就者蔣揚欽哲旺波仁波切在德格的時候，華智仁波切（《普賢上師言教》的作者）正以乞討的方式四處雲遊。他有一個木碗，伴隨他同甘共苦，浪迹天涯，走遍了多康的山山水水。因此，華智仁波切十分喜愛它。

當他去拜見蔣揚欽哲旺波仁波切時，見到上師的周圍眷屬雲集，房間裏富麗堂皇，宛如宮殿，裏面裝滿了各種金銀財寶，心裏想著：原來上師也很喜歡財物，這滿屋的珍寶他一定很執著吧！

蔣揚欽哲旺波仁波切以神通照見了他的心思，便一語中的地高聲喝道：「華智，你不要想得太多！我對這室內室外財寶的執著，遠遠不如你對你那木碗的執著！」

一句話使華智仁波切心中豁然開朗，他恍然大悟：修行人并不一定要過苦行僧般的生活，最重要的是要放下執著。

請多觀照自心——嘉樣堪布禪語錄

304

何為幸福

幸福是心靈的主觀感受，因為是主觀的，它與外物因素關係不大，主要因緣在自心。對於外物，有時候得到了感覺幸福，有時知足方能感覺幸福，有時分享會感覺幸福，有時佔有便覺得幸福，有時平和、平淡中能覺察到幸福，有時計較爭勝時覺得幸福……真正持久的幸福是校正好心態，正確認識後，才能獲得的。心境如果不平和，心態始終是攀緣的，幸福就會始終不會落地生根。放下耽著，讓心於輕鬆中寂靜，於寂靜中見真，方得幸福。

請多觀照自心——嘉樣堪布禪語錄

樂不可極，樂極生悲；欲不可縱，縱欲成災。很多時候，一直走會是死路，一直求，會遇深淵，人生知止而樂。物忌全勝，事忌全美，人忌全盛。學會知足，學會不爭，學會放下。退一步天高地闊，讓三分心平氣和。欲進步需思退步，若著手先慮放手。放開緊握的手掌，得到的是全部天空。人生但求心安，不求圓滿。對人不可太苛求，對己不要太放縱，處事不可太分明。學會寬容，生活才能充滿陽光。學會克制，慎言、慎行、淨心。學會包容，胸懷裝得下賢愚美醜。

七戒

1 戒躁：別輕易發脾氣，別輕易下結論，別輕易盲目行。

2 戒卑：別認為處處不及他人，別常常想自己一無是處。

3 戒傲：別總是自鳴得意，別太看低別人，別太看高自己。

4 戒妒：別妒忌別人，別心懷惡意希望看到他人不如意、栽跟頭。

5 戒愁：不要生活在憂慮中，不要總把快樂趕走。

6 戒悲：別讓不幸的事常浮現，別總自哀自憐，別把自己封閉在悲哀中走不出來。

7 戒疑：別總猜忌別人，別總懷疑自己，別總心神不寧。

請多觀照自心——嘉樣堪布禪語錄

通過福報看清業力

佛法中常講「業力」這個詞。每個有情眾生的一切，苦樂憂喜，無不是由業力決定的。業力是一股看不見的強大力量，來自無明，決定生死、苦樂，操縱命運。雖然我們不能清清楚楚地看見「業力」，但是我們可以通過「福報」一窺它的真顏。

生在何處，六道中的哪一道；所生的環境，是貧是富，環境怡人或惡劣；聰慧或愚鈍；相貌是莊嚴或是醜陋；身體健康長壽或是多病短命；脾性是溫和寂靜或暴烈凶殘……這些都是取決於福報。

有福報就會健康、長壽，或者法相莊嚴，或者有智慧，或者富足無憂，或者心想事成、凡事順遂，或者居住環境舒適優美，或者吃的、用的不缺乏，或者受人尊重愛戴，或者家業興旺、子孫孝順昌盛，親眷和睦。但是，樣樣具足圓滿這樣的大福報的人通常還是很少的，總會有些欠缺，常常是某些方面很好，某些方面不盡如人意。特別沒有福報

就會各方面都不如意，都欠缺，都低劣。

福報就如同一個糧倉，所存的都是自己之前所栽培、積累的善根資糧，早用早沒，不惜福就會損福、折福、消福，只用而不繼續培福就會坐吃山空。待福報消盡，一切受用資財也就沒了，壽命也沒有了。耗盡福報，會給自己的未來和後世帶來無盡的痛苦。因此要惜福，更要培福。

有福報不要揮霍、享盡、空耗，如果過度用在自己的吃、穿、玩、樂、享受上，福報就白白流逝了。積福不易，消福易，一不小心福報就會消盡。把福報省下來，用在更有益的事情上，分享於眾生，幫助他人，用於利益眾生的事情上。

飲食受用、名聲地位、相好健康等，這些都還是世間的福報，與之相比更難得的是出世間福報。能夠遇到正法、信仰正法、具有因果正見、空性智慧，這是出世間的福報。世間的福報可以有量有價，出世間的福報無價，任何金錢財富也難以衡量它的價值，珍貴而難得。

請多觀照自心——嘉樣堪布禪語錄

快樂的四個竅訣

一位少年問一位智者：「我怎樣才能變成一個自己愉快也能帶給別人快樂的人？」

智者送少年四句話：把自己當別人，把別人當自己，把別人當別人，把自己當自己。

把自己當成別人。受到挫折、屈辱、詆毀、譏諷、苦難時，把自己當成別人，便能置身事外，不快自然減輕；獲得稱頌、讚譽、功成名就，春風得意時，把自己當成別人，便不至於得意忘形，忘乎所以。

把別人當成自己。與人交往，遇事設身處地為別人著想。換位思考，能讓自己不固執、不片面、不自我，對別人多點同情心，多給點幫助。惡緣少了，障礙就減了，善緣多了，路就寬廣了。

把別人當成別人。不要自大和自以為是，學會尊重別人，善良待人。任何時候都不怠慢、不強求、不強加自己意志於人。平等、平和、隨緣。

請多觀照自心──嘉樣堪布禪語錄

把自己當成自己。
該承擔的責任、該盡的
義務，自己努力做好，
有擔當、有勇氣、有氣
度。自己的因果自己
負，因上努力，果上隨
緣，有抉擇，有正見。
　　少年依智者之言走
過他的人生歷程之後，
也成了一位智者，他是
一個愉快的人，也給與
他有緣之人帶來快樂。

保持清淨的心

一位虔誠的佛教信徒，每天都從自家的花園裏採擷鮮花，親自送到寺院去供佛。

法師欣喜地說道：「你這麼虔誠，每天都以花供佛，佛經中說，常以香花供佛的人，來世的相貌一定莊嚴美麗。」

信徒高興地答道：「現在我也特別受益，每次來到寺院，面對佛像，心靈就像洗滌過一樣，清淨而歡喜。可是，一回世俗中，心就煩亂了，我該如何在煩囂的塵世中保持一顆清靜純潔的心呢？」

法師反問道：「你是如何保持花瓶中花朵的新鮮呢？」信徒答道：「我每天給花枝換水，還會把花梗剪去一截，讓它更容易吸收到水分，這樣花朵就不易雕謝！」

法師道：「保持一顆清靜純潔的心，其道理也是一樣的。生活環境就像瓶裏的水，我們就是花，唯有不斷地修正我們的心行，去掉陋習、缺點，常做懺悔，淨除障礙，常能善觀，才能吸新鮮健康的養分，正知正念，清淨純潔。」

請多觀照自心——嘉樣堪布禪語錄

312

靜聽心的聲音

人的一生，總會有時巔峰，有時低谷，有時得到，有時失去。放得下榮辱，看得開名利，想得通得失，那麼，無論失意還是得意，都會從容，都能淡定，都很平和，都可自在灑脫。無論得到或是失去，都會泰然，都能心安，都可靜寂，如如不為所動。得到時不暗喜，失去時不追悔。來則不迎，去則不送。

失意時能坦然，於強己者不卑不亢；得意時能淡然，於弱己者平等相待。如此，上下自如，內心通泰，安之若素。對於強者，挫折是財富，能殺滅貢高我慢，能生悲憫情懷，清醒自心，激勵奮進；失去是得到，因懂得了無常和不執，不會再去糾結於世俗凡塵間的惑心迷眼，生命開始踏上真正快樂的歸途。

請多觀照自心——嘉樣堪布禪語錄

慎言

與人交談或在公眾場合講話，都要慎言慎行，切莫信口開河胡亂說，說話前先問問自己的出發點：是不是夾雜貪心、嗔恨、炫耀、嫉妒、攀比等煩惱、帶著各種情緒準備出言。話出口前，也一定要考慮別人的感受，多想想：如果這樣說會不會讓別人產生誤解，會不會讓別人傷心，會不會給別人帶來煩惱。

佛說：「詳察細審而言說，未經觀察切莫說。」善護語業，會感得說話前後連貫，語言無有過錯，能言善辯，與正法不相違，所說之語猶如蜂蜜一般相合眾人心意，令人樂聞信受等諸多功德果報。

請多觀照自心——嘉樣堪布禪語錄

日 日 好 日

如果用樂觀曠達、積極向上、友善的心態去面對所遇事、周遭人，那麼壞境況也會成為好機緣。如果用消極頹廢、悲觀沮喪、惡意的心態去對待一切，那麼，好因緣也會變成煩惱因、痛苦果。人生的際遇中，會遇到紛繁事、種種人、各類緣，能夠始終持住於善美的心態，存好心，說好話，做好事，就會時時好時，日日好日，皆為善緣。

請多觀照自心──嘉樣堪布禪語錄

逃避還是安忍

每個人，每天甚或每時，都有各種的選擇需要做出和面對。當困境或者不樂意的選擇擺在自己面前的時候，選擇逃避，往往卻未必躲得過。若是勇於面對，結果也未必如想像的那麼糟。安忍是菩薩修行六度的一項，它不但不意味著軟弱，反而是大智、大勇的結果。無論遇到的是什麼樣的際遇，都會有兩個機會。一個是好機會，一個是壞機會。好機會中，藏匿著壞機會，而壞機會中，又隱含著好機會，這取決於你以什麼樣的眼光、什麼樣的心態、什麼樣的視角去對待。以善惡業的角度去考量，以平等、無私、樂於給予的心態去行事，以自清自明的眼光去看待，這樣總歸都是好的和對的，不管眼下看似是吃虧、失去，抑或是不情願。

內在寂靜外境和諧

很多人會這樣認為：只要自己能掌控生活中的大小事情，就可以高枕無憂了，一切停當了。但事實上，哪怕你已經自如地控制了外在的人、事、物，只要自己內在的動蕩和戰爭不消弭，就無法獲得永遠的平安、喜悅和自在。掌控一切的關鍵是內在。能够超越自我，突破自私的觀念，突破個人的愛憎之心、好惡取捨，突破個人的利害關係，你的世界就是和諧的，慢慢地，感得的生存環境就會越來越美好，內心就會安穩寂靜。沒有了人我是非，沒有了不平，淡泊了名利，你的世界就是太平盛世。

請多觀照自心——嘉樣堪布禪語錄

負重登山

有一個聰明的年輕人，很想在各個方面強過別人，他尤其想成為一名有大學問的人。可是，許多年過去了，他的其他方面都不錯，只是學業却沒有什麼長進。他非常苦惱，特地去向一位智者請教。

智者說：「我們登山吧，到山頂你就知道該怎麼做了。」那山上有許多晶瑩的小石頭，煞是迷人。年輕人見到喜歡的石頭，智者就讓他裝到袋子裏背著，很快，他就吃不消了。

「先生，再背，別說到山頂上了，恐怕我連動一動的力氣都沒了。」他抬起頭望著智者說道。

智者微微一笑：「該放下啦，背著石頭怎麼可以登上頂峰呢？」年輕人一愣，忽覺心中一亮，向智者道謝後走了。後來，他一心做學問，進步飛快⋯⋯

人生在世，有許多東西是需要放棄的。學會放棄、勇於放棄，活得輕鬆。超越自我，希求解脫，智慧觀照，放下執著、不隨逐煩惱，超凡入聖。

請多觀照自心──嘉樣堪布禪語錄

貪為樂之毒

貪婪是毒殺快樂的毒藥。人的欲望永遠沒有止境。擁有了穩定的生活還要去追求安逸，擁有了安逸的生活還要去追求奢侈的物質享受。欲望不盡，你就讓快樂無處安放。甘於放下，真心付出，感念恩德，知足者常樂，這些會讓你的心鬆弛，讓它有空間存放珍惜，有時間審視和打量自己，去發現被障蔽下的真心。放下了執著和佔有欲，你就是最自在、強大和富有的人。

請多觀照自心——嘉樣堪布禪語錄

說食不飽

一個人若只在書面理論下功夫而不去實踐，是絕對無法突破現狀，灑脫自在的。譬如，蒼蠅在紙窗前一直飛鑽，再怎麼飛鑽，也無法飛過那層薄薄的紙。從事世間的技藝、事業如此，成就出世間解脫之道更是如此。說食不飽，親力、親為、親證方能悟道。

常問自己

年復一年，看破了多少？

日復一日，放下了多少？

千方百計，得到了多少？

精打細算，失去了多少？

求而不得，煩惱了多少？

斤斤計較，結怨了多少？

貪心不滅，造業了多少？

臨命終時，能帶走多少？

時常不忘，念佛多少？

剎那須臾，觀心多少？

見人快樂，隨喜多少？

遇人困厄，悲心多少？

舉手投足，利他多少？

泯滅惡念，踐行多少？

觀法無常，精進多少？

緣起性空，知見多少？

萬法無我，安住多少？

請多觀照自心——嘉樣堪布禪語錄

心得自在一切自在

人人都有觀自在，無須遠處他方求。觀照境界，無執無著，積無相福德；觀照人事，不爭不惱，結有相福緣。心得自在，一切自在。以佛眼看世界，善淨；用佛心處人事，善護念。

歡喜每一天

與其終日悶悶不樂，愁眉不展地度過每一天，不如善待自己，放平心態，與己為善，與人為善地過活。善念未生，令生起。惡念已生，令息滅。增上善，滅盡惡。內自喜悅，令人喜悅。凡事看淡泊，如夢如幻。善擇因果，獨善其身。善自觀心，悟察醒覺。世上一切皆是虛妄，做事盡本分，為人要良善，如蓮花不著水，如日月不住空。

請多觀照自心——嘉樣堪布禪語錄

心裏裝什麼生活現什麼

心裏裝著美好，世界就美好。心裏裝著醜陋，世界就醜陋。心裏裝著善良，裝著寬容，裝著真誠，裝著感恩，生命就充滿陽光。心裏能裝著他人，心的空間就會變大，處處能容。心裏只裝著自己，心的空間就會變小，除了自己再容不下其他。心裏裝著天地，人世間的是非、爭鬥、榮辱、功利，一切都會成為雲淡風清的風景，遮不住你智慧的眼。如果心裏裝著貪心、嗔恨、愚痴、嫉妒，就如同種下有毒的種子，生出來的根、長出來的葉、開出來的花，都是毒藥，毒害自己，毒傷他人。把善美裝心裏吧，世界因心而改變，而美麗，而澄淨。

 請多觀照自心——嘉樣堪布禪語錄

兩隻老虎

兩隻老虎，一隻飲食無憂地住在公園的籠子裏，一隻自由自在地生活在荒野中。兩隻老虎都認為自己所處的環境不好，互相羨慕對方。它們決定彼此交換。開始時，都十分快樂。但不久，兩隻老虎都死了：一隻饑餓而死，一隻憂鬱而死。

就像這兩隻老虎，有時候，我們對自己所擁有的幸福熟視無睹或者不以為然，當覺出珍貴時，却已失去。在向外希求、期盼和羨慕中，珍貴的緣分也許正在悄悄流失。珍重當下的每一個緣分，珍惜擁有。

請多觀照自心——嘉樣堪布禪語錄

生活是一場修行

生活就是一場修行，在磨礪中學會堅強；因離別而珍惜相聚的緣分；於失去時，懂得擁有的不易；在失意中，學會從容和持平常心；在缺憾中，尋求超越的完美；遍嘗諸苦，而能覺悟離苦之安樂。縱然風中，雨中，煩惱中迷惘中……留一顆佛心！寂靜，安然。

請多觀照自心——嘉樣堪布禪語錄

放下累贅

承載太多成負累，需放下。

1. 放下控制欲要願意放棄對周遭的人、環境和事物的控制欲。無論他們是你愛的人、愛你的人還是你的工作夥伴，抑或是陌生人，持有一顆平等、隨緣的心，請允許他們遵循自己的狀態。隨緣便自在，自己不生壓力，他人不起煩惱。

2. 放下責備

不去責備他人。不要憑著自己的感受去責怪別人的對與錯，指責別人的好與壞。世間事，本無好壞、對錯，自己的標準未必就對。與其責備他人，不如自我反省。

3. 放下自怨自艾心

消極解決不了問題，反而加劇糟糕。人有高矮，能力有大小，事物有變換，凡事盡力，凡事往好的方面想和去努力，不要有畏懼心和懦弱心，因上努力，果上隨緣。

4. 放下抱怨的心態

停止對人、環境、事物的抱怨。除非你願

意，沒有人能使你不快樂，沒有環境能讓你沮喪可憐，沒有事物能擊垮你。持有正面、樂觀、平常心，你就能讓自己強大。

5.放下虛榮心

不迎合與取悅，不炫耀攀比，真實、平淡、平靜。

6.放下惰性

不管是想成就世間事業，還是成就出世間的自利利他事業、成就佛果，懶惰都是最大的障礙。

7.放下隨意判斷的心

隨便相信那些你一點兒也不瞭解的事是為迷信，輕易拒絕它們是愚痴。不盲從，也不武斷，不迷信，也不無信。凡事以智慧判斷，而不是隨性。

8.放下執著

無論輝煌或衰敗，高興或沮喪，成功或失敗，休言萬事轉頭空，未轉頭時皆幻夢。

 請多觀照自心——嘉樣堪布禪語錄

無常的積極意義

以慧眼看世界，一切成、住、壞、空。無常本身無所謂好或壞，好、壞取決於我們看待的角度。不要僅從消極方面去理解無常，實際上無常具有非常積極的意義。無常是運動，因無常而使得一切除陳納新，否則舊的事物永遠存在，新生事物就無法出現。以智慧指導生命發展，揚善抑惡，久而久之，善的力量增長、增強，惡的習性減少、消失，所謂損之又損，以至於無。這就是淨化心靈、改變命運的過程。

無論何人，今生的富貴安順，一方面是自己勤奮、努力等的結果，更大的因緣是前世佈施、持戒、安忍等積福修善而感得的果報。好比種子，春天播種，秋天收穫。有錢時也不要傲慢自大，沒錢時也不必悲哀沮喪，福到財至，福消財散。當善自珍重，善積福德。好比糧倉，只出不進，必定坐吃山空。

能值遇佛法、獲得暇滿人身、樂於修行、寂靜調柔、智慧慈悲，

這是超越世間財富的出世間福報，最為難得珍貴，是最大的福報。福報不夠就會表現為智慧不開、諸事障礙重重、諸事不如意、身心憂惱不適。當善於積累福德，勤修智慧，福慧具足便能開悟。

請多觀照自心——嘉樣堪布禪語錄

一村菊香

法師在院子裏種了一顆菊花，第三年的秋天，院子成了菊花園，香味一直傳到了山下的村子裏。凡是來寺院的人都忍不住讚嘆道：「好美的花兒呀！」

一天，有人開口向法師要幾棵花種在自家院子裏，法師答應了。他親自動手挑揀開得最鮮艷、枝葉最粗壯的幾棵，挖出根須送到了別人家裏。消息很快傳開了，前來要花的人接連不斷。不多日，院裏的菊花就被送得一乾二淨。

沒有了菊花，院子裏就如同沒有了陽光一樣寂寞。秋天最後的一個黃昏，小徒弟看到滿院的淒涼，說道：「真可惜！這裏本應該是滿院香味的。」師父笑著對小徒弟說：「你想想，這樣豈不是更好，三年後一村子菊香！」

「一村菊香！」弟子不由得心頭一熱，眼前浮現出滿村菊花盛開的美好的情景。

「我們應該把美好的東西與別人分享，」法師慈愛地對弟子說，「分享能讓美好變多而非失去。」

請多觀照自心——嘉樣堪布禪語錄

真正的獨處

無論世界如何喧囂，都不要忘記，留些時間與自己獨處。獨處不是關上房門、關上電話、封閉自己那樣簡單。獨處是內觀。靜下來，聽聽、看看自己的心靈，聽無聲的聲音，看無相的世界。獨處能讓心靈之花綻放，讓智慧靈光閃現。獨處能領略返璞歸真的風景。

做情緒的主人

一天，一位智者經過一個村莊，一些人對他口出穢言。智者靜靜地聽了一會兒，然後說：「謝謝你們，我今天還要趕去下一個村莊。」其中一人對智者平靜的反應覺得不可思議：「難道你沒有聽見我們瞧不起你嗎？」他問道。智者寂靜而溫和地回答：「我不會被別人的嘴巴所控制，也不會對別人的情緒做反應。因為我是情緒的主人，而不是情緒的奴隸。」

請多觀照自心──嘉樣堪布禪語錄

深諳無常方能放下

無論是對過去、現在，還是未來，心中感覺或預估有「一定」，這種感覺和思維是有錯誤的。無常是世間的規律。一切都在不停息地變化中，沒有長時固定性。物質如此，心緒如此，因緣際遇如此……林林總總，一切如此。如果不以無常的理念看待和對待世間的一切，就會引發出苦惱。我們常說，不要執著，放下，而只有真正抱以無常的理念看待一切，才有可能鬆動「執著」和容易「放下」，心境才能平和、淡然，對待自己、對待他人、處理事情才能從容，沒有壓迫感。

請多觀照自心——嘉樣堪布禪語錄

修行離不開生活

修行需要正確的心念和持久的行動，從當下做起，不在等待和拖延中錯過善緣，在日常生活、工作中消減惡緣、集聚福報、生發智慧。不要將修行變成為逃避社會責任和家庭義務的藉口。脫離了世間，一切善法的修行無處可尋。以一顆平常心、善良心、報恩心、沒有得失的心做好每一件事，盡好每一份責。

 請多觀照自心——嘉樣堪布禪語錄

佛陀難避惡報餘殃

一天，佛陀在精舍中，正為弟子說法開示，突然從精舍外走進一位懷孕的少女，她走到佛陀的面前，直指著佛陀說道：「沙門！你害得我好苦啊！你讓我懷孕，却惡意地離棄我，我到處找你都找不到，原來你却躲在這裏逍遙享福，現在，你總算被我找到了，你說，你將要如何安置我呢？」

原來，這少女是由外道差遣而來，并未真正懷孕，她只是將臉盆綁在肚子上，偽裝有孕在身，以此來毀謗佛陀，破壞佛陀的名譽，當然，後來還是被佛陀的弟子發現，揭穿了她的伎倆。

諸弟子在疑惑中見此情形，才轉疑為安，但仍然升起了一個疑問，為何解脫的聖者如佛陀，仍會遭受此果報？因此舍利弗就代表諸弟子請示佛陀，是何因緣，致使此女來毀謗佛陀？佛陀告訴諸弟子說，非常久遠以前，在一座王城中，有一位賢

德的婦女，名叫善幻女，她對修行者非常恭敬，時常予以供養，尤其常常供養兩位法師，一位叫無勝，一位叫常觀。無勝法師修行非常精進，德行也很高，因此頗受大家的敬重，至於常觀法師，雖然是一個修行者，但世俗的習氣仍很重。

雖然善幻女每日都以相等的供養品來供養兩位法師，但在態度上，免不了有一般人的分別心，以致對常觀法師的恭敬就比不上對無勝法師的周到。

日子一久，身受差別待遇的常觀法師，因世俗習氣甚重，無法體會平常心的道理，一股強烈的嫉妒之火油然而生，逢人就造謠說善幻女一定和無勝法師有私通，雖然表面上是同樣的供養品，但暗地裏一定有區別。雖經勸說，但仍不停地惡意毀謗造謠。

佛陀說到這裏，停了一會兒，又向諸弟子說道：「你們知道那常觀法師是誰嗎？就是我的前身！因為曾經惡意毀謗有德的修行者，所以曾墮落地獄無數千年，受猛火燒身之苦，我現在雖然已經成就解脫，但餘殃未盡，所以仍然得受同樣惡意的毀謗！」

 請多觀照自心——嘉樣堪布禪語錄

到無求處便無憂

無論是榮華富貴，還是困頓貧賤，都是假像。如果你將一切都看成真，耽著不放，就沒辦法獲得真正的快樂。真正的快樂是無求的。到無求處便無憂。照顧好自心，放下、解脫、自在。在榮辱得失面前，保持平和的心態；在厭惡對境面前，持有慈悲的心；在蒙昧因果者面前，深生憐愛的心；在飽受輪迴苦的有情面前，抱以同情的心；在尋求幫助者面前，具誠摯助援的心。珍惜每一個因緣，感恩每一個因緣，善待每一個因緣，去妄見真。

請多觀照自心——嘉樣堪布禪語錄

小馬問酥

以前有個國家，人們習慣用生酥油將麥煎熟了來餵豬。當時宮中的小馬聞到香酥的味道，就跟母馬抱怨說：我們為國王賣命，馳騁四野，不問遠近，為什麼待遇却不如一隻豬仔？每天吃的都是這些無滋無味的草？母馬回答小馬說：你們千萬不要有這種想法，這樣的待遇是禍不是福，不久之後你們就能看到……年關將近，那些被養得肥肥的豬仔遭殃了，家家戶戶殺豬過年。豬群哀號的聲音遠近皆聞。這時母馬再問小馬：你們還想吃酥煎麥嗎？小馬們個個心驚，縱使遇上好麥糧，也讓而不食。

財、色、名、食、睡……世間處處各樣誘惑，福兮禍兮？如果智慧和定力不够，不能自持，隨順貪欲，追之逐之，是災禍啊。佛說：生死疲勞，從貪欲起；少欲無為，身心自在。

請多觀照自心——嘉樣堪布禪語錄

禪機在哪裏

「禪」說高深也很高深，因為很多時候，我們追求了它很久，却還沒尋得它的踪影。說簡單却也很簡單，其實它無處不在，只是我們沒有發現而已。因為受外界的種種誘惑和干擾，心不能寂靜下來，便不能感悟禪。當你靜下心來欣賞生活，在生活中超越自我，「禪」就會出現在你面前。一旦悟透了禪機，精神生活會很充實，物質生活就會很滿足，感情生活會很真實。

一隻碗

一個年輕人到商店買碗，他順手拿起一隻碗，然後依次與其他碗輕輕碰擊，碗與碗之間相碰時立即發出沉悶、渾濁的聲響。他幾乎挑遍了店裏所有的碗，竟然沒有一隻滿意的，就連老闆捧出自認為是店裏碗中的精品，也被他搖著頭失望地放回去了。

老闆很是納悶，問他老是拿手中的這只碗去碰其他的碗是什麼意思？

他得意地告訴老闆，這是一位長者告訴他的挑碗的訣竅，當一隻碗與另一隻碗輕輕碰撞時，發出清脆、悅耳聲響的，一定是只好碗。

老闆恍然大悟，拿起一隻碗遞給他，笑著說：「小夥子，你拿這只碗去試試，保管你能挑中自己心儀的碗。」

他半信半疑地依言行事。奇怪！他手裏拿著的每一隻碗都在輕輕地碰撞下發出清脆的聲響，他不明白這是怎麼回事，驚問其詳。

 請多觀照自心——嘉樣堪布禪語錄

老闆笑著說，道理很簡單，你剛才拿來試碗的那只碗本身就是一隻次品，你用它試碗，那聲音必然渾濁，你想得到一只好碗，首先要保證自己拿的也是只好碗。

就像一隻碗與另一隻碗的碰撞一樣，心與心的碰撞需要付出真誠才能發出清脆悅耳的響聲。自己帶著猜忌、懷疑、戒備甚至傷害之心與人相處，就難免得到別人的猜忌、懷疑、防備與傷害。

與人為善。你付出了真誠就會得到相應的信任，你獻出愛心就會得到尊重。你慈悲、寂靜、調柔、智慧就會沒有怨敵。

反之，你對別人虛偽、猜忌甚至嫉恨，別人給你的也只能是一堵厚厚的墻和一顆冷漠的心。你心裏滿是抱怨、仇恨、惡毒，凶險，別人可能就會在你的路上種滿荊棘和一路向你放出帶毒的箭。

每個人的生命裏都有一隻碗，碗裏盛著善良、信任、寬容、真誠、慈悲，也盛著虛偽、狹隘、猜忌、自私。請剔除碗裏的雜質，做最好的自己，碰見最好的別人！

請多觀照自心——嘉樣堪布禪語錄

340

華智仁波切的老師是著名的瑜伽士，也就是以嚴厲、粗獷聞名的大圓滿上師多欽哲仁波切。

食子（藏音：多瑪）是用大麥粉拈揉製成的圓錐形糕餅，在各類的供養禮儀中都會用到它。這些或為紅色或為白色的糕餅，象徵著方便與智慧，大樂與空性是無二無別、渾然一體的。將食子供養後棄置，意味著自我幻象的消除。

華智仁波切常常穿著破爛，猶如乞丐，匿名雲遊。有一天，華智來拜望他的上師多欽哲。他在上師駐錫地的廚房內遇到一位喇嘛正在做多瑪。

華智仁波切問這位喇嘛，他能否進去拜見多欽哲。喇嘛斜眼看看眼前這位衣衫襤褸的流浪漢，順口說：「哦，沒問題，我可以替你引見，不用擔心。另外，能否請你幫我做這些食子？」喇嘛說完就走開，猶自咯咯地笑個不停，留下華智在那裏幫

請多觀照自心──嘉樣堪布禪語錄

他做食子。

找不到奶油來塗一個白色的食子，却發現有過多的紅色顏料來做紅色的食子，博學的華智就把一個食子漆成紅色。依那食子的形狀，任何一個人都知道應該是白色的，甚至它的名稱——「噶多（意為白色的食子）」，都顯示應該是白色，而現在却被塗成紅色。

喇嘛終於回來了，他很滿意這乞丐已替他做完所有的工作……直到他瞥見那個白色的「噶多」竟被塗成紅色。

「這是何等愚蠢啊？！」喇嘛大叫。華智仁波切溫和地回答：「慈悲的喇嘛啊！能否請您告訴我，依照儀軌它必須永遠是白色而不能是紅色的理由？」

「什麼？！」喇嘛咆哮起來，憤怒地將發紅的雙眼瞪向天空，「這骯髒污穢的流浪漢，犯了如此愚蠢的錯誤，竟還敢質問我！」他開始揍站在面前的謙卑流浪漢，并把他轟了出去。

「只要我在這裏一日，你就別想要見多欽哲！」喇嘛望著華智仁

請多觀照自心——嘉樣堪布禪語錄

波切後退的身影大叫，後者消失於森林中。

到了晚上，多欽哲仁波切問白天是否有人來見他，因為他有個夢兆，他的弟子華智仁波切將來拜訪，他也期待要見他這位獨特的弟子。他的隨從說整天都沒有人來。但是多欽哲堅持一定有人來過。在廚房做食子的喇嘛終於開口，告訴多欽哲說，有位乞丐的確到廚房來化緣，表示願意以工作交換，但是在他犯了錯，把一個白色食子塗成紅色後，已被遣走。

「那就是華智，你這個笨蛋！」多欽哲大發雷霆。他的「暴躁」與他的智慧和慈悲是同樣有名的。「立刻去找他來！」

大家出動去找尋那個乞丐，并要求他回來。

華智翌日清晨終於來到了上師面前，多欽哲要他坐上說法座，很誠懇地請他闡釋寂天菩薩的不朽著作《入菩薩行論》，因為華智仁波切以注釋此論聞名。於大眾前，華智仁波切開講《入菩薩行論》，解釋著殊勝的菩提心（開悟者利他的發心）以及

 請多觀照自心──嘉樣堪布禪語錄

修法。然後，在那位
狼狽的做食子同伴將他
褚紅色面孔掩藏在暗紅
僧袍下的當兒，他接著
說：「雖然今天每個人
嘴上都挂著陳腔濫調，
高唱利他開悟的心性，
我們當中仍有人甚至不
知道他們所驕傲地塗繪
的食子的意義。然而，
他們的確知道如何揍打
謙卑問他們的人。」

多欽哲大笑，以天
眼通，他完全清楚前一
日厨房那一幕的經過。
他大聲地說：「好極
了！這小部分的內容，
是我前所未聞的！」

請多觀照自心──嘉樣堪布禪語錄

打坐觀修為何雜念紛飛

未經訓練、修行的心，妄想、雜念這些本來就很多，可以說是川流不息、片刻不停，只是在散亂的狀態下，自己根本沒有發覺和發現而已。現在，當自己靜下來的時候，不攀緣外境的時候，留意自心了，專注於它了，心本來的樣子才被發覺了。

精進修行為何還會生起不好念頭？

貪、嗔、痴等，本是心之力用，是心的自然屬性。修行人，隨著修行的深入，心念從散亂到集中，因而心的力量越強，心中所升起的貪、嗔、痴等也會更強。如果強行壓制，是壓制不住的。故而對於那種讓自己有強烈欲求的對境，要麼乾脆去滿足，滿足之後力量就會過去；更高明的方法，是在貪欲等強烈地生起時，以覺性智慧去觀照它，轉妄識為智慧，從而令心力獲得提升和圓滿。修行的時候，應該在圓滿心力和造業之間，把握一種平衡；在隨諸妄念與轉成智慧之間有所覺照。

請多觀照自心——嘉樣堪布禪語錄

厄運來時

任何惡事是本於以「我執」為中心的貪、嗔、痴。當下用心於發現內心貪嗔痴念的生起，并積極對治它們，是在播種幸福與快樂。當遭遇不幸或災厄的時候，不要傷心，也無須抱怨，把它當成一場修行，遇難呈祥。首先要相信這是因果，善因得善果，惡因得惡果，要懂得懺悔。智者時常檢討自己的言行，懺悔改過。其次要感恩。痛苦的根源是私欲、佔有、控制。一切不幸是老師，讓自心從安逸懶散之中醒悟，懂得停下來思考。再有，要勇於擔當。從今後，征服自己、戰勝自己，不再自私、貪欲和佔有，敢於以自他相換的大悲心，承受一切眾生的苦。寧靜來自內心，勿向外尋求。沒有貪愛和憎恨的人，就沒有束縛。戰勝自己的人是最偉大的征服者。

交談是人際交往中最常用的方式。不說惡語，多說悅耳語，說別人喜歡聽的話，聽了高興的話，這樣既有利於與他人交往和繼續溝通，同時自己生生世世也能得到好的果報，能聽到好聽的話，別人不會對你惡語，別人時刻都會讓你心情愉快，讓你快樂。學會交談，也要學會傾聽。傾聽是與他人交往，認識對方的第一步。傾聽是對對方的尊重。傾聽他人表達或傾訴。對他人表達的思想與感情，以積極的態度，認真地給予關注、重視、尊重和理解。在傾聽過程中，要保持專心、尊重與體諒的態度，切忌一些不良行為，如三心二意、東張西望、隨意打斷對方、亂插話以及妄加評論、表情冷漠等。

一封信

一個年輕人氣呼呼地對師父說：「有人用侮辱的話指責我，實在氣不過。」

師父對漲紅著臉的年輕人說：「好吧，你寫封尖刻的信回敬他，狠狠地罵他一頓。」

年輕人立刻寫了封措辭強烈的信，把心中的不滿全部傾瀉在言辭間，很滿意地拿給師父看。

「很好，很好！」師父拍手叫好，「就是要好好地教訓他一頓，寫得真是太好了！」

但是，當年輕人把信叠好裝進信封裏時，師父却叫住他，問：「你要幹什麼？」

「送給他呀。」年輕人有些摸不著頭腦。

「不要胡鬧！」師父大聲說，「這封信不能發，快把它扔到爐子裏去。凡是生氣時寫的信，我都是這麼處理的。這封信寫得好，你已經消氣了，現在感覺好多了，那麼就請你把它燒掉！」師父笑呵呵地說。

「每個人都可能遇

請多觀照自心——嘉樣堪布禪語錄

349

到使人氣惱的人和令人鬱悶的事。如果自己一味地生氣，起煩惱的心和有害的情緒，它們只能讓你失去理智。而事實上，煩惱心和有害情緒除了傷害自己，并不能解決任何問題，反而讓事情更糟。要常常看著自己的心，及時察覺它們，年輕人，并要通過有效的方法控制住它，而不是讓它隨時隨地發泄，傷害他人。心平氣和地做有意義的事不是更好嗎？不要被壞情緒浪費寶貴的時光呀！」師父和緩地說。

年輕人心開意解，紅著臉低下了頭。

請多觀照自心——嘉樣堪布禪語錄

「看著」你的念頭

當生起不良情緒或煩惱的時候，如果心不堪能，不會意識到這些負面心理的生起，或者即使意識到也沒有力量擺脫，而是會如空中羽毛、水中飄葉一般，跟隨著情緒和煩惱，聽之任之，完全不自在。平時要常常練習，讓自己的心變得強大，做得了主。通過觀察念頭，瞭解它們的真實本性，來增強心的力量。

具體的做法是：靜下心來，對著自己的念頭，無論是好的或壞的，做清晰的觀察，像個旁觀者一樣，觀察每個念頭。不去追思過去或妄想未來，也不要迷戀快樂的經驗，或沉湎在悲傷中，只是「看著」它們。如此，會迎來一個平衡的狀態，於此狀態，一切好或壞、寧靜或憂傷，都失去它們的意思，在此狀態中安住。當念頭再度生起的時候，又再去觀察，繼而安住。

 請多觀照自心——嘉樣堪布禪語錄

培好因植好緣播福種

不要常常持嫌棄和攀比心。這個心態，是不好的，是貢高我慢。

《地藏經》講：「貢高我慢者，卑使下賤報。」每個人都有優點或長處，學會多發現別人的好，不去揭露他人的短處；常常持平等和恭敬的心態對待別人，自然也會得到別人的尊重和恭敬。

要有付出的心態。一個一味索取的人只會讓人敬而遠之，要有為人付出的心態。人常為自己想，這樣結果反而不好。人和人在一起，有付出、有恩惠甚至恩德，才有長久情誼。夫妻之間尤其如此，有恩才有愛，才能長久，欲望不是真正的愛，不可能長久。人和人關係能長久、夫妻間恩愛情深，是靠恩來維持的，這個付出心態很是關鍵。但是當你付出的時候，應該是自然而然的、快樂的，不是抱著期盼回報的心態。否則，以沉重、痛苦和怨恨的心付出，那樣，當

下不快樂，日後也是不
會快樂的，更不會換來
與他人良好的、融洽的
關係。

　　要有培植福報的心
態。沒有福報會表現在
各個方面的不順、不如
意。比如，人際關係不
順、夫妻間不和諧等，
這些都有可能是自己福
報德行有虧和淺陋的原
因。多做增長福報、增
加功德的事情，惜福增
福，圓滿自己的福德。
一個福報大的人，一切
因緣也會隨之改變，
能够心想事成，事事如
意。

 請多觀照自心——嘉樣堪布禪語錄

比盜還「壞」的禪師？

　　一個強盜找到了深山裏的禪師，跪在禪師面前說：「禪師，我罪孽深重，多年來寢食難安，我來找您，想讓您為我澄清心靈。」

　　禪師說：「你找錯人了，我的罪孽比你的還深重。」強盜說：「我做過很多壞事。」禪師說：「我曾經做過的壞事比你的還要多。」強盜說：「我殺過很多人，閉上眼睛就能看到他們的鮮血。」禪師回答說：「我也殺過很多人，我不用閉上眼睛也能看見他們的鮮血。」

　　強盜說：「我做過的一些事簡直沒人性。」禪師回答：「我都不敢想那些我以前做過的沒人性的事。」強盜聽禪師這麼說，心裏很鄙夷他。沒想到一個高尚的禪師居然曾經是比自己還壞的傢伙，於是他起身，輕鬆地下山去了。小徒弟等強盜離開後，不解地問禪師：「師父，我瞭解您，您自己說的這些都是沒有的呀，您也從未殺過

生，為什麼對他那樣說呢？」禪師說：「難道你沒有從他的眼睛裏看到如釋重負的輕鬆嗎？還有什麼比這更能讓他棄惡從善的呢！？」一個人不管出於什麼原因做錯了事情、犯了過錯，只要他能够回心向善，我們都應該對此人包容和諒解。寬容別人的時候，我們要理解他人的苦衷。如果是向人學習的時候，只要學習他人善的行為就可以了，不必一定要深究他出於什麼原因這麼做。

 請多觀照自心——嘉樣堪布禪語錄

讚美他人自己就是陽光

希望得到別人的讚美是普通人的一種心理需要。事實上，每個人都有值得讚美之處。讚美要誠心誠意、實事求是，而阿諛奉承只能讓人覺得虛偽。真誠的讚美是溫暖的陽光。真誠的讚美是一種促使人不斷完善的美好途徑。如果你需要指出別人的過失，讚美也不失為一種巧妙迂迴的方法。用真心實意的讚美去溫暖別人的心靈，你也會感受到別人給你的溫暖。讚嘆功德更是非常有必要的：對凡夫人來說，讚嘆可以讓他們歡喜踴躍；對諸佛菩薩來說，讚嘆可以讓其他眾生生起信心。如果心胸狹隘，嫉妒心或者嗔恨心太強，讚美和讚嘆他人就會變得非常困難，所以常常要讓自己打開胸襟，涵養包容非常有必要。

請多觀照自心——嘉樣堪布禪語錄

善意也當善巧

人生道路上，每個人都會遇到各種各樣的難題。人生的意義不僅表現在解決自己遇到的問題上，也表現在幫助他人解決遇到的問題上。如果別人因為我們的幫助而更加快樂和幸福，我們也會得到一次心靈的淨化、精神的滿足和道德的升華，從而使自己的人生更有意義、更有價值。在前進的道路上，或許你無意間幫助別人搬開的絆腳石，恰恰為自己鋪了一條路。所謂「授人玫瑰，手留餘香」，但是值得注意的是，當我們出於無私且善心助人的時候，不管動機如何善美，也一定要在他人願意接受的情況下而為之，以自己認為的「他人需要」而強行施與，也并非可取。所謂「慈悲利眾生，善巧方便行」。

 請多觀照自心——嘉樣堪布禪語錄

逃避還是自首

曾經，藏區有位聲名顯赫大成就者，修證成就很高，可以直接與本尊對話。當時，有一個人殺了人，逃跑了，整天東躲西藏，他父親就拜見大成就者問道：「繼續躲藏好，還是自首好？」大成就者肯定地說：「自首絕對不會被殺的。」這位父親極度信任大成就者，深信這個結果，就讓自己的兒子去自首。結果兒子自首後立刻被捕并綁縛刑場。但是直到兒子頭顱落地前，父親仍然對兒子不會被殺深信不疑，最後兒子還是被殺了。幾分鐘後，一份快報遞送刑場，說剛才被處決的人免於死罪。這個消息後來傳到大成就者那裏，大成就者非常難過地說：「末法時代眾生業力如此沉重，就連綠度母親自授記都無法實現。」

由這個公案我們應推人及己，現在末法時代，不是一、兩個人的業力重，眾生的業力都普遍深重，因此導致種種的不順、不幸，痛

請多觀照自心——嘉樣堪布禪語錄

苦的果報頻繁、迅速而嚴重地發生，無論於各人還是於群體，都是如此。一切的不幸都是往昔的業力所導致。如果我們不反觀自心，把重點放在懺悔業障、調伏自相續之上，僅憑零星、孱弱的善心和善法就想逆轉和消除往昔沉重的業力，是非常困難甚至是不可能的。解脫仰賴精進，必須持以猛厲的心，勤勉的行，才有消除業障、轉變業力的希望和可能。

 請多觀照自心——嘉樣堪布禪語錄

一盞不滅的心燈

佛陀在世的時候，有一個點燈的法會，大家來祈福。有一個老婆婆也想點燈供佛，但是她很窮，三餐不濟，沒有任何錢財。她見到別人廣做功德，非常地隨喜；同時也暗自神傷，慚愧地自我反省自己今生如此貧困，一定是往昔慳貪吝嗇，不肯上供下施。現在雖然遇到了佛陀，却沒有可積累福德的錢財。她非常難過，想來想去，只有頭髮能換點錢，於是她剪下頭髮，換了點錢，買了一盞油燈。她非常恭敬、虔誠地在佛前點上這盞燈供養，并發願說：「今天我以小小的一盞燈供佛，以此功德願我將來具有智慧燈，并遣除一切眾生的無明黑暗。」突然，來了一陣很大的風，把所有的燈都熄滅了，只有那個老婆婆的燈是亮的。

我們常說修行修心。不以善惡相大小，但以善惡意差別。行善、修福、修慧，重要的是要有至誠懇切的心，要發大心大願。論心不論相，這是佛教的根本大法，就是心法。

請多觀照自心——嘉樣堪布禪語錄

善良包含著克己、為人、真誠、尊重、理解、寬容、奉獻、正直、勇敢等多方面的美德。歸結起來,善良就是一顆真誠廣博的愛心。將心比心是與人為善的思考方式和行為方式之一。愛心是一份情感,一種責任,它需要啟迪、激活、熏陶和培養。愛心有時是驚天動地的,但更多的時候在於點點滴滴的真情實意。一次得力的救助,一次善意的批評,一句關切的問候,一次適時的看望,一個及時的電話,一個親切的微笑,一次碰撞後的謙讓,一次跌倒後的攙扶,這些都是愛心的體現。佛特別提倡大愛之心,是慈悲一切眾生的心,是要為一切眾生的解脫而誓願成就佛果的心。佛性每個眾生都有,而佛的心是要淨除煩惱的障礙與所知的障礙才能夠顯露。

請多觀照自心──嘉樣堪布禪語錄

1. 幻想當遇到挫折或難以解決的問題時，便脫離實際，想入非非，把自己放到想像的世界中，企圖以虛構的方式應付挫折，獲得滿足，而不是務實、積極地面對和應對困境、解決問題，成為思想的巨人，行動的矮子。

2. 消極

消極與積極在於看法與認識的不同。如果內心極度空虛、盲目、茫然，對現實退縮與逃避，什麼也不想，什麼也不去做，即使有再強的能力，也終將一事無成。

3. 自負

自信十分重要，但如果「過分」自信變成「自負」，就會狂妄自大，高估自己，低看他人，陷入狂躁之境，最終走向失敗。

4. 草率

不是理智冷靜而後行，而是缺乏思考和準備，匆匆做決定和行動，常常釀成錯誤的結果。

5. 傲慢

常言道：「天不言

自高，地不言自厚。」
越博大越使人謙虛，越
虛榮和一知半解越易使
人傲慢。傲慢遭人反
感，處處碰壁，寸步難
行。

6. 多疑

多疑會使人對身邊
的每件事情習慣性地往
壞處和消極方面去想，
因猜忌他人而被人猜
忌，弄糟人際關係，而
且疑心最終也會使自己
陷入緊張和焦慮之中。

7. 奢侈

奢侈是極度的浪
費。如果浪費時間，那
是在消耗生命；如果浪
費錢財物資，那是在消
耗福報。

8. 偏執

有主見、有頭腦、
不隨聲附和、不與世沉
浮，這無疑是值得稱道
的好品質，但是應該以
不執己見、不偏激執拗
為前提。無論是做人還
是做事，中道、智慧、
靈動為好。不要死守一
隅，坐井觀天，把自己
的偏見當成真理。

9. 貪婪

貪婪是心靈的貧
窮、災禍的根源。欲壑
難填，對錢財不要一味
地貪求。多貪不如少
用。能够控制欲望是最
上富足。

10. 嫉妒

嫉妒是人心上的腫瘤，可以讓美麗的人變得醜陋無比，可以讓熱情的人變得冷若冰霜。嫉妒是一種憎恨式的感情。應該以一顆豁達的心去看待世界，因為嫉妒心只能把人送到瘋狂、崩潰的邊緣，而不會讓人獲得美好和幸福。

11. 固執

固執是一種堅持成見、不懂得變通的心理現象。如果對一個事物的認識錯誤，又不願接受別人的意見進行有效的改正，就會錯上加錯。

12. 輕諾寡信

不去輕易承諾，這樣才能避免背信棄義。如果許下諾言，必須守信做到。

13. 虛榮

虛榮是追求個人的榮耀和表面的光環，以求博得別人的欣賞和尊敬的一種表現。一切惡行會因虛榮心而一生再生。

14. 衝動

「事緩則圓」，任何事情的解決都要理智，一味衝動不僅於事無補，反而會造成難以承擔的後果。遇到窘境

時，用理智控制自己的行為才是明智的選擇。不要因衝動使自己陷於悔恨與自責的旋渦。

15. 盲從

盲從往往使自己喪失自我，迷失方向，喪失判斷力和自信心。

16. 報復心

報復心是無底的黑洞，源自仇恨的怒火。無法坦然面對挫折，不會寬恕他人，往往為了貪一時之快而傷人害己，把自己也推入了麻煩的陷阱中。如果不能及時控制報復心理，而任由報復心吞噬自我，就會失去理智，做出莽撞乃至讓自己後悔、讓他人難過的事情。

17. 僥倖

僥倖心理是一種非常不健康的心理，這種心理使人的思想受到蒙蔽，從而做不出正確的判斷，甚至迷失方向。偶爾一次僥倖可能會如自己所願，但常此以往總有一天會跌倒。

18. 強求完美

金無足赤，人無完人。世間是因緣際遇的產物，沒有十全十美。

如果對自己、對他人、對凡事都苛刻完美，會痛苦自己，難受他人。

 請多觀照自心——嘉樣堪布禪語錄

隨喜等於同善

隨喜是簡單易行且事半功倍的積累功德的方法。如果能够常常讚嘆、隨喜他人功德，慢慢地我們的清淨心就生起來了。

有時候，這個看似最簡單、最容易的方法却也最難做到，為什麼？因為我們內心不清淨，被染污。什麼是被污染的心？貪嗔痴、嫉妒、爭勝、傲慢。看到別人做的好事，不但很難讚嘆、隨喜他人，還說別人的過失、挑別人的毛病。為什麼呢？有的時候是因為自己傲慢，會想別人如此做有什麼了不起，換成我也能做到。有時候因為妒忌他人，所以總是挑剔別人的毛病。更多的時候，是自己內心不清淨，却一點兒都察覺不到，總喜歡挑別人的毛病、看別人的過失，還會覺得自己很對，還要說出一些道理。

其實，挑別人毛病、觀察他人過失的時候，是可以說出千種萬種你覺得很對、很有道理的理由，但這些理由都是世間法的理由，不是佛法的理由。佛法的理由就一點：我們

學佛是為了淨化自己的心靈，增加福報與智慧資糧，降低煩惱，生利他之心，更慈悲；而不是讓自己的內心更污濁，更煩惱，更痛苦。

總看別人的過失，內心不會清淨，看別人過失的時候就是在給自己的內心灑灰塵，給自己添更多的煩惱，熄滅自己安適自在的火苗。學會讚嘆、隨喜他人，就會降低自己的傲慢心、妒忌心。讚嘆、隨喜他人功德時，我們的內心是真正的歡喜，常常在歡喜當中，就會覺得自己周圍的人好、環境好，那麼內心會覺得很快樂。

當把讚嘆、隨喜他人功德變成一種習慣的時候，清淨心自然就生起了。心地清淨、無垢染，看外面的世界就是淨土，就是極樂世界，平等、清淨、覺悟。

在這裏要注意一點，我們要讚嘆、隨喜他人的「功德」，而如果去附和與褒揚他人的惡業和罪障，就不叫隨喜，而叫幫兇或同流合污、隨造惡業了，所以要有分辨是非的能力，要知道正確的善惡取捨。這就需要多多地聞思和修行，提高智慧和辨知。

請多觀照自心——嘉樣堪布禪語錄

人生最有意義的事情

一個人在此一生中，不論獲得什麼成就，擁有多少財富以及名譽聲望、地位、眷屬，所有的一切，都只能存在於這一生內。而這一生，其實是一段非常有限的時間。而我們一生中無論擁有多少、懂得多少、付出多少，其中最有意義的事情，莫過於瞭解一切現象的真正意義及它們的實相。佛常常告誡我們，如果我們在這一生，有機會去瞭解萬事萬物的實相卻未能好好把握，

要再遇到另一次機會是非常困難的，那時未必有同樣充裕的時間和圓滿的機緣。因此，若我們已經具備了種種條件，并且遠離一切逆緣，就該設法找到這一生中最有意義和重要的事情。

我們的見、聞、憶、觸諸感知以及思維方式，我們自認為是對的，其實大部分時間，它們是錯誤的。我們一直認為「就是這樣的」事情未必就是實相。很多時候，我們所見到和

所認為的「真實」，實際上完全是另一回事。比如，對同一個人或一件事，此時你認為是好的、對的，可是彼時又會發現他們是不好的、不對的。或者對自己的想法，此時覺得是正確的，可能要不了多久又覺得是錯誤的。當你善於發現總結的時候，你就會發現，一切都是不定的，一切都在變化中。這個「變化」就是事物的「真實」，而我們平時的感知和思維，都未能觸及事物的「實相」。

如何認知實相？必須依靠無謬且可靠的導師──佛陀。佛有著無盡的智慧、慈悲和力量，留下無數的教言和開示，以適合不同根器的眾生。如果能夠次第聞思、修持，便能了見實相。

請多觀照自心──嘉樣堪布禪語錄

恨魚缸還是救金魚

　　一個煩惱的人到廟拜訪老和尚，訴說自己正為妻子過去的一些事情而煩惱。

　　老和尚問煩惱人：「你妻子過去的事情和你有關係嗎？」煩惱的人回答說：「沒有。」老和尚於是說：「既然是這樣，那你應該高興才對。因為她過去那些不快的記憶中並沒有你。而你現在應該把握時機，盡可能地去創造快樂和溫馨讓她感覺幸福，這對於你們走過一生是多麼美好和幸運啊！」

　　煩惱人聽了老和尚的話還是皺著眉頭。於是老和尚便拿生活中的事情作比喻：「有一個孩子非常喜歡金魚，於是他的父母就買魚缸為他養了一條金魚。可是有一天，魚缸突然被打破了，而這個孩子只有兩個選擇：一是站在破碎的魚缸前怨恨、咒罵，眼看著金魚在痛苦中死去；二是趕快找一個新的魚缸來救活金魚。」

　　講到這裏，老和尚

問煩惱人：「如果是你，你怎麼選擇？」「當然是趕快找魚缸救金魚了。」煩惱人回答說。「對了，你現在對自己婚姻所持有的態度，就如同面對這個已經被打破的魚缸和掉在地上的金魚，你要做的就是快點拿個新魚缸來救你的金魚，而不是站在一邊怨恨詛咒，眼睜睜地看著它死去。」老和尚說道。

煩惱人聽到這裏，心中豁然開朗，向老和尚深施一禮，露出燦爛的微笑，歡喜地離去了。

在現實生活中，我們對待麻煩就該這樣。把心中的怨恨和不滿都放下，以愛和明麗的心去面對。天堂或地獄，取決於我們當下的一念。在當下感受光明就是天堂，在當下為過去的煩惱陷入黑暗與執著那就是地獄！

佛經裏講過一個故事，有一次釋迦牟尼佛來到一個風景優美的地方，那裏鮮花遍地，綠草茵茵。佛陀就感慨地說：「如果在這麼美麗的地方蓋一座佛堂就好了。」

他身邊的帝釋天聽

 請多觀照自心——嘉樣堪布禪語錄

371

此，隨手摘了一株小草，然後插到地上，向佛陀頂禮說：「世尊，佛堂蓋好了。」佛很開心地說：「善哉！善哉！」一個人的心靈如果充滿覺知，那麼裏面就是一座佛堂，并不需要高大的建築和華麗的裝飾。而如果心靈沒有覺知，再宏偉莊嚴的佛堂，也未必能感知得到快樂與美好。我們要在心情不好的時候想想事情有利的一面；要在寄托期望

與未來的時候，看看有沒有把當下的時光過好；要在困難挫折面前意識到如果一切平順，誰會靜下來沉思？誰會生起智慧？誰又能在平凡安逸的日子中超越自我呢？

用寬容、智慧和愛心，給自己蓋一座心靈的佛堂。

請多觀照自心——嘉樣堪布禪語錄

苦難是深藏不露的祝福

面臨苦難困頓，沉湎於消沉、驚恐、抱怨、絕望只會將自己拖向更深的苦痛，於當下於未來的困境毫無補益。苦難即現實，甚至我們無須為之悲傷。面臨苦難所帶來的危險、威脅、破壞與毀滅，你汲取到的并非是它的傷害，而是面臨它的喚醒時，不再無動於衷、一無所獲，這就是苦難所蘊藏著的價值和意義。因此智者會坦然、欣喜地說，苦難是生命的恩典，它推動我們前行，去思考生命中真正重要之事，用撼人的力量把我們從短視淺薄的自鳴得意中解脫出來。為苦難所付出的代價是值得的，因為你終將發現，它其實是深藏不露的祝福。

佛在講四聖諦時，首先講起的第一聖諦就是「苦諦」。苦難是生命的第一要義。苦源自無明、對自身和境況的錯謬認知，源自對「我」的自珍自愛及「過分在意自己」。無苦無出離，這是佛陀告

 請多觀照自心——嘉樣堪布禪語錄

373

誠我們面對苦難該具有
的覺醒和痛苦贈送給我
們的無上厚禮。當你將
所珍視、難於釋懷的不
在置於心坎最中央，也
就把痛苦放棄，把快樂
和美好定格和留存了。

心清淨無煩憂

《維摩詰經》說：「若菩薩欲得淨土，當淨其心，隨其心淨，則佛土淨。」淨土不在遠方，在清淨心裏。心若清淨，則無煩憂，心若染污，則無寂靜。

善良為淨，惡毒不淨；正義為淨，邪惡不淨；積極為淨，消極不淨；樂觀為淨，悲觀不淨；寬容為淨，抱怨不淨；醒悟為淨，迷失不淨；渾厚為淨，刁鑽不淨；隨喜為淨，嫉妒不淨；信任為淨，猜忌不淨；報恩為淨，報復不淨；知足為淨，貪欲不淨。

不要成為追逐誘餌的魚

一條魚向前方游去，眾魚紛紛阻擋：危險，千萬別游向那裏！「為什麼危險呢？」那魚問。眾魚心悸道：「那裏有很多誘餌，我們不少同類有去無回。」魚說：「誘餌擱在那裏，它不會傷害你，只有你的心禁不起誘惑去吞食誘餌時，那才危險。」世間的危險不是誘餌，而是禁不起誘惑的心。

《佛子行三十七頌》云：「逢遇悅意對境時，視如夏季之彩虹，雖顯美妙然無實，斷除貪執佛子行。」意思是說，當我們遇到一切讓自己流連忘返、難以自拔、沉迷其中的殊妙美好境遇時，不要被眼前、心前這些幻境所誘惑，貪戀不捨、隨境而轉。一分貪執一分痛苦，貪執即輪迴，貪執必然失去自在。儘管外境的人事物很美，但這種美并非實有，猶如夏天的彩虹，雖然絢麗多彩，但本性虛幻不實。如帝洛巴尊者曾對那若巴說：「顯現不會把你束縛，執著才會把你束縛。」

請多觀照自心——嘉樣堪布禪語錄

376

清淨心地

我們的衣服骯髒了，要用清水來搓洗才能潔淨；身體垢穢了，也要用淨水來沐浴才乾淨；心地因無明我執而起貪瞋痴諸煩惱而造業，而染污，要用懺悔的法水來洗滌，才能恢復清淨。所謂「隨緣消舊業，更莫造新殃」。

四聖諦醫治八大苦

任何修行者，首先必須觀察苦惱的事情。所謂苦諦者，具體地說，就是察看生、老、病、死四苦，再加上怨憎會苦、愛別離苦、求不得苦、五蘊熾盛苦，總共要觀照以上八苦。集諦的意思是，觀察苦惱生起的原因。表示人生有諸多煩惱，不能等閒視之。滅諦的意思是指佛法的理想境界──涅槃。這四聖諦，正是醫治人生八項苦惱的法門。

 請多觀照自心──嘉樣堪布禪語錄

撒哈拉沙漠，又被稱為「死亡之海」。進入沙漠者的命運：有去無回。

1814年，一支考古隊第一次打破了這個死亡魔咒。當時，荒漠中隨處可見逝者的骸骨，隊長總讓大家停下來，選擇高地挖坑，把骸骨掩埋起來，還用樹枝或石塊為他們豎個簡易的墓碑。

但是沙漠中骸骨實在太多，掩埋工作佔用了大量時間。隊員們抱怨：「我們是來考古的，不是來替死人收屍的。」隊長固執地說：「每一堆白骨，都曾是我們的同行，怎忍心讓他們曝屍荒野呢？」

一個星期後，考古隊在沙漠中發現了古人遺迹和足以震驚世界的文物。但當他們離開時，突然刮起風暴，幾天幾夜不見天日。接著，指南針都失靈了，考古隊完全迷失了方向，食物和淡水開始匱乏，他們這才明白從前那些同行為什麼沒能走出來。

請多觀照自心——嘉樣堪布禪語錄

危難之時，隊長突然說：「不要絕望，我們來時在路上留下了路標！」他們沿著來時一路掩埋骸骨豎起的墓碑，最終走出了死亡之海。在接受記者的采訪時，考古隊的隊員們都感慨：「善良，是我們為自己留下的路標！」

　　在沙漠中，是善良為我們留下了路標，讓我們找到回家的路。在人生道路上，善良是心靈的指南針，讓我們永遠不迷失方向。不論你傷害誰，就長遠來看，都是傷害到你自己，或許你現在并沒有覺知，但它一定會繞回來。

　　凡你對別人所做的，就是對自己做的。不管對別人做了什麼，那個真正接收的人，不是別人而是自己。

請多觀照自心——嘉樣堪布禪語錄

莫將佛法當知障

有句藏諺說：「知識越多，傲慢越大；離家越遠，誠實越差。」無論是世間學問還是佛法知識，都不要成為自己傲慢的資本。

尤其是對佛法的學習和修持，不是意在調伏隱藏於自心的各種煩惱之上，就好比是拿著火把却向著黑暗的深淵走去。

請多觀照自心——嘉樣堪布禪語錄

心是一個容器

小徒弟沮喪地請問師父:「師父,為什麼我覺得這些年總是進境緩慢,難以突破?」

師父笑著說:「我來給你倒杯水喝吧!」於是就拿起桌上的茶壺,往杯子裏倒水。水快滿了,但師父却仍不罷手,依舊往杯裏注水。

小徒弟忙說:「師父,杯子已經滿了。」師父意味深長地對小徒弟說:「再倒一些吧,說不定能更多一些呢!」

小徒弟笑著說:「杯子已經滿了,您再怎麼倒也不能增加杯裏的水。」

師父嘆道:「說得有道理呀!不僅倒水是如此,學業進境又何嘗不是如此呢?」

小徒弟聽了心頭一震,自言自語說道:「是啊!人生也是這樣的道理,心裏裝的東西太多了,自然就裝不進其他的了!」

師父看他有所醒悟,便笑著說:「是啊!心就像一個容器,

 請多觀照自心——嘉樣堪布禪語錄

如果沒有執著，它就是個無量大的容器，能包容太虛；如果有所執著，它就變成有限的容器。要想把新的東西裝進去，只有把原來的舊東西倒掉；如果裝滿了雜念和煩惱，就裝不下快樂和美好。」

最好的供養

格西班曾經在一山洞內閉關。歷代的隱居瑜伽士在此放置一扇粗糙的木門、一座石制的壇城以及一個壁爐，然而，這山洞仍然保持得十分單純，正適合出家人獨自修行。

在長時間與外界完全隔離之後，格西班接到信息，他的功德主第二天將來到，他們會帶些補給品來做供養并將領受他的加持。格西班開始清掃，拂去灰塵，把洞內每樣東西都擦拭得發亮，并在壇城上擺設著美麗的供品，準備迎接他的訪客。他退後一步，很滿意地審視他的一切。

「唉呀！」格西班突然警覺地叫起來，環顧自己所做的事物。「是什麼邪惡的力量跑進這虛偽者的領域？」伸手到一黑暗的角落，他抓起一大把塵土灑在乾淨無瑕的壇城上。

「就讓他們看看這山洞和住這裏的隱士原來的面貌吧！」他狂叫道，「寧可不供養，也比只注重外在的供養要

 請多觀照自心——嘉樣堪布禪語錄

383

好得多。」

　　刹那間，格西班領
悟到他在那刷洗乾淨的
小屋中精心布置的一
切，并非為了供養開悟
的佛陀，乃是出於他自
己的私心，只是為取悅
功德主而做的。

　　「讓他們現在就來
參觀吧。」他滿意地
想。許多年後，當帕當
巴桑結——來自當熱的
佛，從印度入藏，聽到
這個故事時，他宣稱：
「那一把塵土是有史以
來最好的供養。」

生活中養德

一、口德

得饒人處且饒人：
1.直話：可以轉個彎說；
2.冷冰冰的話：可以加熱
了說；3.批評人的話：一
對一地說，要顧及別人
的自尊。

二、掌德

讚美別人，學會鼓
掌：1.每個人都需要來自
他人的掌聲；2.為他人喝
彩是每個人的責任；3.不
懂鼓掌的人，人生太狹
隘；4.一讚值千金；5.給
別人掌聲其實是給自己
掌聲。

三、面德

在某些情況下，不
給面子是最大的無禮：
1.任何時候，給對方一個
體面的臺階；2.看破別
說破，面子上好過；3.多
數時候，萬不要揭人老
底，過去的已經過去。

四、信任德

疑人不交，交人不
疑：1.被人信任是一種幸
福；2.信任別人，才能得
到別人的信任。

五、方便德

與人方便，自己方
便：1.在他人最需要的時
候輕輕扶一把；2.多為對
方著想，多站在他人角

 請多觀照自心——嘉樣堪布禪語錄

度權衡。

六、禮節德

有「禮」走遍天下：1.彬彬有禮；2.禮多人不怪。

七、謙讓德

鋒芒畢露者處處樹暗敵：1.切忌鋒芒畢露；2.放下身段，降低自己；3.勿在失意者面前談論你的得意；4.人前勿張狂，人後別得意，為人應低調。

八、理解德

人人都渴望他人的認可：1.理解，就是給人方便；2.理解一般人不能理解的事；3.換位思考，替別人著想。

九、尊重德

把別人的自尊放在第一位：1.努力使人感到他的尊嚴；2.給弱者的尊重更可貴；3..地位越高越不能輕視別人；4.把別人放在心上。

十、幫助德

關鍵時刻，誰都渴求得到援手：1.無私勝有私；2.贈人玫瑰，手有餘香。

十一、誠信德

無信不立，狡詐者必無朋友：1.誠信為本，重諾守信；2.誠信深入人心，成功接踵而至；3.失去誠信，百事不可為；4.任何理由都無法解釋自己的失信。

十二、虛心德

請多觀照自心——嘉樣堪布禪語錄

傲慢自滿終無成：
1.要一點含蓄，要一點謙遜；2.虛心萬事能成，自滿十事九空；3.虛心求教，成就圓滿。

十三、欣賞德

使別人擁有優越感：1.渴望被欣賞之心人皆有之；2.要及時肯定別人的長處。

十四、感恩德

知恩圖報，必得多助：1.因懂得感恩，而更加幸福；2.懂得感恩的人，人恒敬讚、信賴。

十五、援助德

雪中送炭，危難之中現真情：1.心存仁愛。當別人危難時伸手援助；2.援助人時要讓對方樂於接受。

十六、笑臉德

沒人會拒絕真誠的微笑：1.微笑能化解不快與隔閡；2.微笑是人際交往的鑰匙；3.因心存善美，而能面含微笑。

十七、寬容德

容不下別人，是因為自己太狹隘：1.以容忍改變能够改變的；2.學會原諒別人的過失；3.胸懷寬容，良朋天下。

十八、善良德

沒有人不想與善者為伍為鄰為友：1.為善者，得人愛敬；2.勿以善小而不為；3.善待每一顆心；4.美德，生命中最閃光的部分。

淨葉不沉

　　一個年輕人憂愁地對師父說：「我只是讀書耕作，從來不傳不聞流言蜚語，不招惹是非，但不知為什麼，總是有人用惡言誹謗我。

　　如今，我實在有些經受不住了，想遁入空門削髮為僧以避紅塵，請大師您千萬收留我！」

　　師父靜靜地聽他說完，并未作答，而是俯身撿起一片樹葉，又吩咐一個小徒弟說：「去取一桶一瓢來。」小徒弟很快就拿來了一個木桶和一個葫蘆瓢。師父手拈樹葉對年輕人說：「你看，你不惹是非，遠離紅塵，就像我手中的這一淨葉。」說著將那枚葉子丟進桶中，又指著那桶說：「可如今你慘遭誹謗、詆毀深陷塵世苦井，是否就如這枚淨葉深陷桶中呢？」年輕人嘆口氣，點點頭說：「我就是桶底的這枚樹葉呀。」

　　師父將水桶放到小溪邊，舀起一瓢溪水說：「這是對別人對你的一句誹謗，企圖打沉

你。」說著就嘩的一聲將那瓢水兜頭澆在桶中的樹葉上，樹葉在桶中蕩了又蕩，飄飄搖搖，然靜靜漂在了水面上。

師父又舀起一瓢水說：「這是別人對你的一句惡語誹謗，還是企圖打沉你，但請你好好看看，這又會怎樣呢？」說著又嘩地一瓢水兜頭澆在桶中的樹葉上，但樹葉晃了晃，仍舊漂在了桶中的水面上。年輕人看了看桶裏的水，又看了看水面上浮著的那枚樹葉，說：「樹葉秋毫無損，只是桶裏的水深了，而樹葉隨水位離桶口越來越近了。」

師父聽了，微笑著點點頭，又舀起一瓢瓢的水澆到樹葉上，說：「流言是無法擊沉一枚淨葉的，淨葉抖掉澆在它身上的一句句流言、一句句誹謗，不僅未沉入水底，反而隨著誹謗和流言的增多而使自己漸漸漂升，一步一步遠離了淵底了。」師父邊說邊往桶中倒水，桶裏的水不知不覺就滿了，那枚樹葉也終於浮到了桶面上，翠綠的葉子，像一葉小舟，在水面上輕輕地蕩漾著，晃動著。

師父望著樹葉感嘆

請多觀照自心——嘉樣堪布禪語錄

說：「再有一些流言和誹謗就更妙了。」年輕人聽了，不解地望著師父說：「大師為何如此說呢？」師父笑了笑，又舀起兩瓢水嘩嘩澆到桶中的樹葉上，桶水四溢，把那片樹葉也溢了出來，漂到桶下的溪流裏，然後就隨著溪水悠悠地漂走了。「太多的流言蜚語終於幫這枚淨葉跳出了陷阱，并讓這枚樹葉漂向遠方的大河、大江、大海，使它擁有更廣闊的世界了。」師父說。

年輕人驀然明白了，高興地對師父說：

「大師，我明白了，一枚淨葉是永遠不會沉入水底的。流言蜚語、誹謗和詆毀，只能把純淨的心靈淘洗得更加純淨。」師父欣慰地笑了。

請多觀照自心——嘉樣堪布禪語錄

煩惱如風，無根而起，無迹而遁。靜觀其變，望其生滅，心便於此安閒間得從容自在。憂愁似雪，無源而來，化無覓處。不去攀緣，不將執著，心便於此淡然間得舒緩安然。看淡紛擾，看輕得失，來了隨緣，去了不攀。常懷歡喜心，事事皆好事。不用攀比心，人人是善緣。

請多觀照自心——嘉樣堪布禪語錄

讓修行成為習慣，習慣就會成為自然。積累功德，消減煩惱。當內心生起貪欲、嗔恚、懈怠、掉舉、昏沉、撒亂、傲慢、懷疑等諸不良和負面的情緒時，要立即覺知它們的生起。要耐心地對待，善護己念。安定、平和、放鬆，且保持覺醒。

不要被煩惱左右。如果不耐心下來，每個心間湧起的貪嗔之念都會迫使你去行動，使你永遠束縛於貪愛與執著的輪迴之中。

修行沒辦法讓他人代替，證悟沒辦法被給予。佛陀覺悟成佛，解決了他自己輪迴的問題。佛除了指點我們解脫的方法，并不能代替我們覺悟。每個人必須自己親自踐行佛法才能證悟、解脫。

請多觀照自心——嘉樣堪布禪語錄

392

慈悲沒有敵人，在日常的一言一行裏與人為善。海寬故能容，心寬故能受。智慧不生煩惱，恒常觀照自心。善擇因果，審慎取捨。善觀諸法實相，緣起性空。

每個人來到世上都是有願力牽引的，當我們還沒有找到自己的願時，就好像找不到家的孩子，迷茫、孤獨。要發願「找到自己的願」，多學習、多思考。

靜靜地觀察內心，靜靜地看著念頭潮起潮落，不投入其中，也不排斥對立，慢慢心就會平靜下來。

寬恕，其實不是給他人出路，而是給自己天地。不姑息惡業，也不縱容仇恨的火焰在自己內心燒灼。寬恕包容是自己內心的狀態，而不是外在的行為，當我們面對一個惡行，真正有意義的是去思考怎樣改善這種狀況，而不是任憤怒和報復之念佔據內心。

人本可以活在陽光

請多觀照自心——嘉樣堪布禪語錄

393

下，為何要躲在過去的陰影中發黴？活在妄想中并不是一件美好的事，把心放大一些吧。

反省自己的身語意，做一個做事有節、說話有禮、內心有愛的人。沒有分別心，是指內心對一切境界都能平等待之，遇順境不貪，遇逆境不嗔；對高者不卑，對低者不亢。這是一個人宗旨堅定、內心具足慈悲與智慧的體現。命是因，運是緣，一個人的命運好不好，就看你有沒有種善因、結善緣。要改善命運，也就要在因、緣上下功夫，命運是掌握在自己手中的。

善觀自心

不慕紛擾繁華，寂靜自心，善觀萬法本然。不逐妄想痴念，寂滅煩惱，自現自在安然。懂得善惡取捨，不讓心靈負重。學會簡單，練就寧靜、隱忍、寬容、淡泊。開發情懷，能够慈愛利他。淺笑看花開，無爭賞落葉，隨緣自適最好。修行，從微細的小處著手，不渴慕神奇輝煌，不執著和迷失於妄念所創造的輪迴中，善觀自心。

請多觀照自心——嘉樣堪布禪語錄

妄語的後果

《大智度論》上說，妄語有十種罪：

一、口氣臭。

二、「善神遠之，非人得便。」善神會遠離說妄語者，不願意親近他，一些非人乘虛而入，干擾他的身心。

三、「雖有實語，人不信受。」即使自己說的是真實語，別人也不相信。

四、「智人謀議，常不參預。」被妄語習氣推動，只習慣生存在妄語紛紛的世界中，智者諦實的言論，能讓人心得安樂的言論，却避而遠之，不去參與。妄語盛行時代，人們津津樂道的都是一些具有欺惑性的法，在那種場合中會覺得很相應，而真正清淨正法的交流場所，却不願趨入而遠離。

五、「常被誹謗，醜惡之聲周聞天下。」

六、「人所不敬，雖有教敕，人不承用。」人們不會恭敬說妄語之人，他雖然站在上面說一些教言，但無人聽受奉行。

請多觀照自心——嘉樣堪布禪語錄

七、「常多憂愁。」妄語者心地不坦然，所以憂愁。

八、「種誹謗業因緣。」即便沒有被人誹謗，但未來決定要受人誹謗。

九、「身壞命終當墮地獄。」

十、「若出為人，常被誹謗。」

正念的意思，就是覺照，同時它也意味著深入地觀察。當我們完全地覺知并深入地觀察某個對象的時候，能觀和所觀的界限就逐漸地消失了，能觀和所觀成為一體。即身觀身、即受觀受、即心觀心、即法觀法。只有當我們契入某個對境并與它成為一體的時候，我們才能真正地理解它。

正念的直接利益是心的純淨、清晰與快樂，就在正念現前之際，可經驗到這些。無

有煩惱障即是清淨。因為清淨，而有清晰與喜悅。清淨而清晰的心，便能自在無礙。

為了克服煩惱障，瞭解它們如何生起是有益的。煩惱障的生起與色、聲、香、味、觸、法六塵有關，無論何時，只要在眼、耳、鼻、舌、身、意六根門的任何一處失去正念，就會成為貪、嗔、痴與其他煩惱障的受害者。

比如，當「看見」的過程發生時，色塵與眼識接觸，如果是喜歡

請多觀照自心——嘉樣堪布禪語錄

398

的、合意的目標，而你又沒有正念，貪愛或欲望的念頭便會生起。如果是厭惡、不合意的目標，嗔恚便會攻擊你；如果目標是中性的、無關好壞、喜惡的，你便會隨逐愚痴念。然而，當正念現前，煩惱障便無法進入你的意識之流。觀照「看到」的過程，正念讓心有機會暸解正在發生事物的真實本質。

當正念剎那間存在，心會漸漸淨化。純淨的心容易專注、入定，智慧便有機會生起。以正念為修習的基礎，并深化定力，勝觀智慧便逐漸增長，最終寂滅煩惱，心無染污。

請多觀照自心——嘉樣堪布禪語錄

善有善報，惡有惡報，因果不虛。做一個無害的人，無害於自己與他人。付諸心思和行動於有益的事，利益於他人拔苦，利益於自己解脫。緣起空性。為善不居，不著於相。雖為行善，不為行善的觀念、人我的相所捆縛，以無我正見修一切善，此善最為圓滿。

請多觀照自心——嘉樣堪布禪語錄

小徒弟打蛇

小徒弟去擔水，回來的路上被蛇咬傷。回寺院處理好傷口之後，小徒弟找到一根長長的竹竿，準備去打蛇。師父見狀，過來詢問緣由。小徒弟把事情對師父講了，師父問事發地點在哪裏，小徒弟說在寺院北坡的草地。

師父又問道：「你的傷口還疼嗎？」小徒弟說不疼了。「既然不疼了，為什麼還要去打蛇？」「因為我恨它！」

「它咬疼了你，你就恨它，那你踩疼了它，它也恨你，也該咬你。你們雙方因恨結怨，可你是人，你該早些放下心頭的仇恨。」

小徒弟一臉不服：「可我不是聖人，做不到心中無恨。」師父微微笑道：「聖人不是沒有仇恨，而是善於化解仇恨。」 小徒弟說：「難道說我把被蛇咬當作被松果打中腦袋，或者半路

被雨淋一樣該然，我就成了聖人？這樣做聖人也太容易了吧！」

師父搖搖頭：「聖人不僅懂得化解自己的仇恨，更善於化解對頭的仇恨。」

小徒弟怔了怔，呆呆地望著師父。師父說：「世人對待仇恨有三種做法。第一種是記仇，等於在心裏擱了一塊土坷垃，自己總是生活在恨意帶來的痛苦中；第二種是儘快忘掉仇恨，還自己平和與快樂，等於把土坷垃弄碎，在上面種了花；第三種是主動與仇人和解，解開對方的心結，等於是摘下花朵贈予對頭。能做到第三種，就接近聖人的境界了」。

小徒弟似有所悟，點點頭。不久，北坡草地上出現了一條高於地面的窄窄的石板路，那是小徒弟修建的。之後這裏再沒發生過蛇傷人事件。

一轉大不同

常用感恩、知足、慚愧、反省、樂觀的心來面對一切。遇到挫折、失敗、不如意時，不傷感、不怨尤；煩惱現起之時，不隨順、不攀緣，懂得調適自己的身心。如此自然能夠轉弱為強、轉苦為樂、轉悲為喜、轉迷為悟、轉痴為智、轉煩惱為菩提。懂得轉化，人生的境界就會不一樣。

路在修為裏

路，不在他人的行動裏，而在自我的修為裏。上敬下和，忍人所不能忍，行人所不能行；代人之勞，成人之美；靜坐常思己過，閒談不論人非；常生慚愧、懺悔心；不起驕慢、貢高氣；心中住佛，常祈禱，行儀如理，菩薩行。心必將越來越敞亮，路必將越走越寬廣。

 請多觀照自心——嘉樣堪布禪語錄

403

留點空間不擁堵

當春風得意時，留點空間給自己思考，莫讓得意衝昏頭腦。當痛苦時，留點空間讓自己思量，痛定思痛，苦不復重來。莫讓痛苦窒息心靈；當煩惱時，留點空間給自己靜觀。煩惱無根，本無來去。烟消雲散煩惱離，心清性明自在現。孤獨時，留點空間給善法，因自我而失去自我，因投入而充實人生。當生活處處逼仄灰暗，留點光亮給心境，三寶如燈，照亮前程。與人相處時，留點空間給距離，貴其所長，忘其所短，言語不重傷，行事多包容。

凡事堅持才能成就

凡事，只有堅持才能成功，修行亦然。修行就是反覆串習，對治習氣、煩惱，淨除無明。最後無無明，亦無無明盡。密拉日巴尊者曾說：「不可期求即刻解脫，而應終其一生修持。」堅持不懈地修持，朝朝暮暮、年復一年，所有修持過程中的體驗與悟證自然會現起。否則，三天打魚兩天曬網，走走停停，沒耐心的短暫修持，煩惱很難消滅，更不可能生起證悟體驗。西藏有句諺語說：「除非持續修持，殊勝的法意是不會升起的！」

請多觀照自心——嘉樣堪布禪語錄

找到打開心鎖的鑰匙

在你心中有一把鎖，一定要有一把鑰匙，才能把鎖打開。人怎樣才能開悟呢？開悟好像開鎖一樣。鎖能把門鎖上，禁止你出入，你一定要有一把鑰匙，才能把門鎖打開；否則將永遠被禁在屋中。那麼這把鑰匙放在哪裏？就在你自己的身邊，很容易找到。怎樣去找呢？你現在參禪打坐、念佛、持咒，就是在找鑰匙。什麼時候能找到呢？就要看你自己的修行程度而定。如果精進，很快就找到；如果懈怠，就永遠找不到，不但今生找不到，即使來生也找不到。這種道理非常簡單。

在你心中也有一把鎖，這把心鎖就是無明，它能使你清淨光明的心，變成染污黑暗的心。境界來了，沒有智慧去判別是善是惡，便做出顛倒事。你修行得力，便能把無明破了。借著鑰匙，心鎖自然打開，智慧光明現出之後，無論遇到什麼事，都沒有煩惱了。

請多觀照自心——嘉樣堪布禪語錄

什麼是無明？簡言之，就是黑暗，什麼都不明白。因為不明白真理，把心鎖上了，所以不能開悟。在唐朝代宗皇帝時，有個太監，名叫魚朝恩，他問國師：「什麼是無明？」國師說：「你這副奴才相，哪有資格問佛法？」他勃然大怒。國師笑說：「這就是無明。」所謂「無明火能燒功德林。」

現在能够開悟的人，都是在從前修種種善因。如果以前沒有修種種善因，此時不會開悟。想要開悟？一定要預先修行，才有開悟的希望。

知幻即離

人生如夢，在未覺悟於此虛幻夢境之前，人生就是一場艱難的跋涉，總要經歷各種各樣的苦痛折磨。沒必要將苦處放大，也沒必要怨天尤人，說一些歡喜的話，激勵自己不要悲傷。做一些利人的事，忘記自我，不要自私。放下心中負累，知幻即離，讓夢醒來。

凡事自己做主

藏族有句諺語：自己能成為自己最親近的助伴，亦能成為自己最厲苛的怨敵。意思是說，一切全由自己決定。心念與行為決定自己將來身處安樂或痛苦之中。心存善念、行持善行，將來即能得到安樂的果；反之，若心存惡念、行惡行，將來必墮入痛苦的深淵而無法自拔。

煩惱和惡念是危害自己和他人的無形利器，是失去安樂墮入痛苦的可怕起因。修行即修心，對治煩惱為修心極為重要的部分。時刻觀照和省察自己的心念，正當煩惱或惡念剛剛萌生，要危害自己和他人時，要及時覺察并立即予以對治與斷除，令其泯滅。若未能如此，當發覺煩惱已經生起時，切勿放任其存於自心，且不斷增長，應當像對待可怕敵人一樣，用猛利的心去克服和戰勝。

請多觀照自心——嘉樣堪布禪語錄

你住幾層樓？

1. 大事難事，看擔當；逆境順境，看胸襟；是喜是怒，看涵養；有捨有得，看智慧；是成是敗，看堅持。

2. 心小了，所有的小事就大了；心大了，所有的大事都小了；看淡世事滄桑，內心安然無恙。

3. 大其心，容天下之物；虛其心，愛天下之善；平其心，論天下之事；潛其心，觀天下之理；定其心，應天下之變。

4. 有為有不為，知足知不足；銳氣藏於胸，和氣浮於面；才氣見於事，義氣施於人。

5. 走正確之路，放無心之手；結有道之朋，斷無義之友；飲清淨之茶，戒色花之酒；開方便之門，閉是非之口。

6. 凡事順其自然，遇事處之泰然；得意之時淡然，失意之時坦然；艱辛曲折必然，歷盡滄桑悟然。

7. 這個世界不是有錢人的世界，也不是無錢人的世界，它是有心

請多觀照自心——嘉樣堪布禪語錄

410

人的世界。

8.有人幫你，是你的幸運；無人幫你，是公正的命運。沒有人該為你做什麼，因為生命是你自己的，你得為自己負責。

9.有些動物主要是皮值錢，譬如狐狸；有些動物主要是肉值錢，譬如牛；有些動物主要是骨頭值錢，譬如人。

10. 虛心的人用文憑來鞭策自己，心虛的人用文憑來炫耀自己。

11. 哭的時候用全力去哭，笑的時候用全力去笑。

12.「人生有三層樓：第一層是物質生活，第二層是精神生活，第三層是靈魂生活。」你住幾層樓？

請多觀照自心——嘉樣堪布禪語錄

藝術人生

每天都是嶄新的開始，給自己設一個希望，生命充滿陽光。欲壑永遠難以填滿，保持一顆知足的心，哪裏都福樂滿倉。每天做一些利人的事，不望回報，處處歡喜無傷，贈人玫瑰，手留餘香。常常面帶笑容，懷揣美好，山再險，路再難，勉勵自己，學會堅強。總能憶佛尊慈顏，心增善美，處處好景致，時時好時光，人人好緣分。

請多觀照自心——嘉樣堪布禪語錄

恒順眾生而不隨順煩惱

作為修行人，在世間中一些方面也應做到隨順，而不是與大眾格格不入，成為極端另類，或仇視對立。與親朋好友、社交圈子在一起的時候，語言應隨順於親友。除非是為了講明一個什麼道理或說清楚一件事情而做講解和辯論，否則，沒有意義的爭論，爭強好勝的爭辯，或者是心懷惡意的攻擊都不應為。語言隨順於他人，不與爭辯、爭論和爭吵，圓融忍讓，讓眾生歡喜，不做傷害，尤其不傷害那些有緣的眾生，是一種禮貌和恭敬，也是修行人的一種修為。對親戚好友尤其是長輩，不管說得對錯，在一般的情況下，要顧及對方的心境情面，語言隨順他們，這也是對他們的一種孝順和尊重。到什麼地方，或在什麼圈子，服飾、飲食應隨順於當地，入鄉隨俗，與大眾同，善巧方便，與人相融。

 請多觀照自心——嘉樣堪布禪語錄

413

角度不同結論不同

世間事，以不同角度看會得到不同結論。世上人，以不同心態想會是不同人。佛說，汝莫信汝意，汝意不可信。事事變幻無常，心意也是剎那間變化無常，一切皆無常。

用自己的認知去評論一件事，事事都不完美；用自己的心胸去度人，人人都有不足；用自己的心眼去要求別人，人人都不達時宜。

多一些捫心自問，少一些爭執指責；多一些觀心自省，少一些挑剔苛責。眼是一把尺，量人先量己；心是一杆秤，稱人先稱己。挑人過錯，自己也有不完美；責人短處，自身也有缺陷。平和處事，善意與人，於如夢如幻世間，諸事吉祥，諸願圓滿。

請多觀照自心——嘉樣堪布禪語錄

甲魚多嘴亡命的啟示

《雜譬喻經》上講的一個小故事：以前有只甲魚，遭遇枯旱，湖水乾涸，不能到達有食物的水池。這時有只大鶴來到旁邊，甲魚求它幫助，大鶴就把它銜住飛過都邑。甲魚一直不肯沉默，不斷地問：「這是什麼？」這樣大鶴就開口回答，剛一開口，甲魚就墜落地上，被人們屠食。

我們不注意自己的口舌，就會如這個比喻，隨意說他人過失、講是非、惡意誹謗或自讚毀他，會成為墮落之因，日後感受惡業果報。藏地有一句諺語：「賊和佛，無法能够了知在何處。」意思是，我們很難知道盜賊在何處，在表面上也看不出來；我們也不知道佛在何處，在人群裏也很難辨認出來。所以不誹謗任何人，同時也不對任何人做不切實的讚嘆。

容尊他人方能提升自己

容得下別人，才能被別人所容。如果被自私、貪心、嗔恚、嫉妒和傲慢諸煩惱佔據，就不會有容人的空間和容事的胸懷。以慈悲柔軟身心，以放下解脫自己，以寬容善待他人，以無為面對凡事。

懂得尊重別人，才能得到別人的尊重。貢高我慢，心意不平，自視過高，讓自己傲氣凌人，就不會真正贏得他人的敬佩和信服。傲慢的山留不住功德的水。放平自己，柔和待人；放低自己、謙恭處事。人人友善，處處祥和。

若浮躁過甚、浮誇過多、浮華過累，必欲壑難填、心境難平、負贅難卸，終勞力傷懷，徒增煩憂。心安住於當下，不起妄。人生需要爬坡過坎、涉險渡困，無須糾結於一時難以化解、耿耿於一處不得釋懷。轉苦為樂，視煩惱為菩提。心安住於平等，不執著。

學會接受殘缺，懂得承受不圓滿。人生有成就有敗，有聚就有散，有高就有墮，沒有永恒也不必追求永遠。擁有的總會失去，得到的未必常在。坦然面對，不強求，不貪著，為事盡力，處人誠摯，隨遇而安，隨緣自在。

請多觀照自心——嘉樣堪布禪語錄

417

病苦如何道用

佛陀曾為波斯匿王講述人生有五不可得避，即老、病、死、滅、盡；病是其中之一。生、老、病、死是自然規律，人生必然經歷。生病對於每個人，可能隨時都會面臨。病苦固然可怕，但佛教我們正確的面對，正確的治療，并最好將病苦轉為道用，利用生病修行，真正脫離生老病死一切苦。

《大般涅槃經》說：菩薩摩呵薩修菩提時，給施一切病者醫藥，常作是願：願令生永斷諸病，得成如來金剛之身。又願一切無量眾生，作妙藥王，斷除一切諸惡重病。願諸眾生得阿伽陀藥，以是藥力能除一切無量惡毒。

又願眾生，於阿耨多羅三藐三菩提，無有退轉，速得成就無上佛藥，消除一切煩惱毒箭。又願眾生勤修精進，成就如來金剛之心，作微妙藥，療治眾病，不令有人生諍訟想。亦願眾生作大藥樹，療治一切諸惡重病。又願眾生拔出毒箭，得成如來無上光明。又願眾生，得入如來智慧大藥，微密法藏。

請多觀照自心——嘉樣堪布禪語錄

心生則種種法生，心滅則種種法滅。菩薩欲得淨土，當淨其心。隨其心淨，則佛土淨。如果一個人內心貪、嗔、痴、嫉妒、傲慢等煩惱熾盛，這會讓人的生命力衰弱。而內心清淨、慈悲，這能使人的生命力強盛。一次，釋尊身上得了風病（感冒之類的病），醫生耆婆特地在酥裏摻雜三十二種藥品，讓佛每天服下三十二兩。不久，釋尊即病愈。當時，提婆達多也得了風病，傲慢而心懷嫉妒的提婆達多極其嫉妒佛陀，處處與佛陀比較，佛陀有什麼他就希望自己也得到什麼，即使生病也是如此。他要求耆婆給自己與世尊同樣的藥。佛陀內心清淨，毫無煩惱，而提婆達多增上慢，煩惱充滿，因此他各方面的狀況都遠不如釋尊。他不明白這顆嫉妒心，反而使自己的生命力衰弱。因為生命力衰弱，也會影響到應服用的藥量。耆婆看見提婆達多的生命受制於

 請多觀照自心——嘉樣堪布禪語錄

419

熾烈的反叛心，怒不可遏，本想另外調配一副適合他的藥，分量上也不能多。這是一位名醫應有的措施，所謂「因病施藥」，不是每個病人都能服用同量的藥。

無奈，滿懷嫉妒的提婆達多，始終不肯屈服，釋尊服用多少，他也一定要服用多少，表示跟釋尊平起平坐。耆婆警告他，服用過量反而有害，非生病不可；倘若服用量超過八倍，等於服毒自殺。

可惜，提婆達多聽不進去，強辯「我身跟佛身無異」，結果，藥在身體上流注諸脉，身力微弱，不能消轉藥力，起身時，肢節極端痛苦，他呻吟叫喚，心煩意亂，受到毒害，吃盡苦頭。

世尊憐憫之餘，立刻伸手撫摸他的頭，才使藥效消失，痛苦解除，得以病愈。

使我們的生命力衰弱的，并不全是身體的四大不調，更主要的是內心的煩惱。煩惱使得生命力衰弱。

佛的金錢觀

在社會生活中，雖然錢財是一種生存需要，但假如我們仔細觀察錢財的本質，不善、不惡、不美、不醜、不即、不離是它們的本質。如果更加深入地觀察，我們會發現，錢財的本性就像水泡、夢境、幻術一樣現而不實。雖然在未經觀察時，它們相當吸引人，是萬萬不可缺少的東西，人們也極其嚮往渴求，然而，它們本自是中性的、虛幻不實有的有為法。

佛陀在《大寶積經》中說：「愚蠢者不知道它夢幻無實的虛妄本質，就會帶來無窮過患，而有無量功德的智者，根本不會耽著它。」可見，使得錢財變成或「好」或「壞」的，完全是由於我們對待它們的主觀態度和如何將其使用。

對待錢財，我們應當不墮兩邊。一方面，為了生存和生活正常進行而需要它們；另一方面，不要過於執著。既不被金錢束縛和操控，

請多觀照自心──嘉樣堪布禪語錄

又能善用；即可成為滿足生活所需，又是成就善法功德的助緣。

若無看開的智慧，完全執著於錢財，受縛於它們，就會帶來無盡的痛苦。華智仁波切說：有一條茶葉就會有一條茶葉的痛苦，有一匹馬就會有一匹馬的痛苦。如果因錢財而失去了健康、寧靜、親情、友誼和快樂，也沒有空閒寂靜思考和提升心靈、覺悟人生，甚或因錢財而造惡業，得受痛苦果報，就非常的不值得和事與願違了。學佛人一味看破金錢也沒有必要。佛說，作為在家人，通過正

當途徑積累一些財富也是允許的。在《雜阿含經》和《善生子經》當中，佛教導了大眾對錢財分配的原則：金錢可以分為四份，第一份作衣食用，第二份和第三份作投資營利用，第四份作儲蓄應急用。佛陀并沒有讓我們將所有財產或財富全部拋棄。一個在家人在世間生存，若不賺錢養家糊口，生活就沒辦法過下去。只是賺錢的途徑要遠離造惡業，比如偷盜等。

請多觀照自心——嘉樣堪布禪語錄

如果有福報，積財有方，用財有術，把錢財善用，行持善法、積累資糧，此生不但無所失，還會有所得，能够積累更多更大的福報、功德。假如財富一點也沒有用在社會上，自己一輩子都成為錢財的奴隸，這也是很痛苦和不應當的。佛陀在《大乘寶雲經》中講道：「以財物利益事，攝受眾生。」意思是說，我們在有了錢財時，可以承辦種種善事，可以攝受很多眾生。所以，認為有了錢財後只有麻煩與煩惱，誠惶誠恐，又痛苦又害怕，要馬上放棄一切，這也是需要審慎的。

擁有錢財而能够少欲知足、不奢侈浪費，樂善好施，這是很好很難得的品質。懂得善用錢財積功累德，自利利他，這是非常值得稱讚的行為。比如，將自己的收入、接濟困難、建橋修路，建醫院、學校等下施眾生的各種善法，積累福報，他歡喜、自歡喜，這是非常良好的善用錢財的行為，利益無盡。

成為富翁

佈施，不僅僅是財物的佈施，也不僅僅是施捨，而是具有慈悲和智慧的愛與分享。佈施分為三種——財佈施、法佈施和無畏佈施。財佈施，是指用物質幫助別人，如錢財，衣物，食品，用品等。法佈施，是用正法幫助他人，如給不明白道理的人講清楚道理，幫他們解決迷茫、指點迷津。無畏佈施，是指精神的助益，如給別人生活的勇氣，給別人堅強活下去的希望，給別人鼓勵和信念，幫助他人消除恐懼，甚至解救於危亡時刻。無論我們貧窮或富有，都可以做個佈施的富翁。給人一個微笑，對人以讚美，說幾句激勵的話，都是很好的佈施。自己做個樂觀向上、正知正念、滿懷愛心、誠信、清淨、持戒的人，給人以安全和信賴感，也是個很好的佈施。

水車的啟示

禪師在行脚時感到口渴，路遇一名青年在水塘裏踩水車，於是上前向青年要了一杯水喝。青年以羨慕的口吻說道：「禪師，如果有一天我看破紅塵，我一定會跟您一樣出家學道。不過我出家後，不想像您一樣居無定所到處行脚，我會找一個地方隱居，好好參禪打坐，不再拋頭露面。」

禪師含笑道：「哦。那你什麼時候會看破紅塵呢？」青年答道：「我們這一帶就數我最瞭解水車的性質了，全村人都以此為主要水源，若找到一個能接替我照顧水車的人，屆時沒有責任的牽絆，我就可以看破紅塵，出家修道了。」

禪師道：「你最瞭解水車，請告訴我，如果水車全部浸在水裏，或完全離開水面會怎麼樣呢？」青年說道：「水車全部浸在水裏，不但無法轉動，甚至會被急流沖走；完全離開水面又車不上水來。」

禪師道：「個人與

 請多觀照自心──嘉樣堪布禪語錄

425

世間的關係正像水車與
水流的關係。如果一個
人完全入世，縱身江
湖，沉湎其中，難免會
被五欲紅塵的潮流裹挾
沖走；假如純然出世，
自命清高，心無眾生，
則人生必是漂浮無根，
空轉不前。」

　　報以修行的心，修
行在當下，修行在所面
對的人、事、境中，修
行在每時每刻每一天
中。

如此甚好

做人以德為先，待人以誠為先，做事以勤為先。懂得人生哲理，幸福常在身邊。對己以持守淨戒為重，對眾生具平等心慈愛，對因果謹慎取捨細如粉末，對萬法以緣起見觀空。善擇世出世間解行，輪涅皆得自在。

超越

一切無常，善惡皆有因果。無始來，每個人都曾造過無量惡業，也曾行持很多善法。今生，善惡業的果報不知哪些會成熟，現前何種苦樂果報、碰到怎樣好壞境遇。人生中，無論適逢困苦或榮華，都不要讓自己心困其中，而迷失，而彷徨，而造作惡業。擁有曠達的人生態度和覺悟的智慧，傲視苦難、超越痛苦，看淡榮華與富貴，平和而簡單。紛擾歸於靜寂，無羈無絆，無捆無縛。豪華落盡見淳真，全去粉飾露天真。

 請多觀照自心——嘉樣堪布禪語錄

427

普雅花的啟示

只有漫長的積蓄，才能贏得美麗的綻放。海拔四千多米的安第斯高原，有一種巨大的草本植物。它開花的時候，氣勢磅礴，巨大的花穗高達十多米，塔一般矗立著。每個花穗上有上萬朵花，花香馥鬱。攀登者看到這樣的景觀，都驚呆了。哪裏見過如此盛大的綻放？簡直是絢麗至極！

這種花叫作「普雅花」。很多人不知道，為了這樣一次美麗盛開，普雅花已經在人迹罕至的高原上等待了一百年。一百年的光陰裏，它靜默如一座孤城，不聲不響地迎來一個又一個朝陽，送走一個又一個落日。它高聳挺拔，風雨難侵。它用百年的煎熬，換來一次驚天的綻放，讓人肅然起敬。

大自然用她的曼妙告訴人們：每一次美麗綻放的背後，都有艱難漫長的積蓄過程。禁得起時光的緩慢磨礪，方能開出璀璨的花朵。這一過程，需要點點滴滴

積蓄，汲取養料。積蓄的過程，需要耐得住寂寞和艱辛的考驗。

　　生命何嘗不是如此。人生是一場修行，堅持不懈，點滴修正，對治習氣煩惱，本真寂然安好，定然綻放。

請多觀照自心──嘉樣堪布禪語錄

拂去塵埃

每個人都有善念，只是有的被塵埃封在心底。貪欲、嗔恚、愚痴、嫉妒等負面情緒和心理是遮障心智的塵埃。它們障蔽住善，露顯出惡。阻止惡念的形成也許很複雜，但給一個人的善良找一個拂去塵埃的理由常常很簡單，僅僅是在一個人需要的時候給予幫助，哪怕是一個善意的問候、一口水、一個眼神、一個成全、一個援手⋯⋯當一個人善念充滿心靈的時候，那麼他一定會做個好人。啟悟別人的善念，成就自己的修行，當善為。

積德無須人見

積德無須人見，行善自得樂果。人為善，福雖未至，禍已遠；人為惡，禍雖未至，福已遠。行善之人，如春園之草，不見其長，日有所增；造惡之人，如磨刀之石，不見其損，日有所虧。福禍無門總在心，苦樂無主自有緣。人生在世，艱辛曲折是必然，坦然面對。凡事皆因果，順其自然。苦樂緣善惡，遇事不茫然。緣起而現，緣滅盡消，因緣和合萬事空，歷經滄桑能悟然。

請多觀照自心——嘉樣堪布禪語錄

言不傷人諾不輕許

語言是有形的思，流動的意。善言傳遞善美，助益自己與他人的良好關係，「良言一句三冬暖」。惡言是無形利劍，成為傷害和毀滅，「惡語傷人六月寒」。

心懷善意，常說善美柔和語，千重萬重屏障自然開。承諾是信守也是責任。諾不輕許。有誠信，敢擔當，言必行，行必果，必將贏得尊重和信任，人生路上貴人多。

心若無塵

心若無塵，生命便蘊含著高貴。心若無塵，心前便呈現至善至美的世間。心若無塵，便能遠離顛倒和患得患失。心若無塵，便能從容自若，悠然自得。心若無塵，便能破迷開悟，心光顯現。

臨淵羨魚不如退而織網

與其張望別人的幸福，不如經營自己的快樂。幸福不在表面，無法轉移，無法贈送，冷暖自知。知足常樂，不要被無邊的欲望奪去了快樂。奉獻是幸福，不要被無盡的欲求毀滅了幸福。不問結果，只求耕耘；不求回報，甘於付出，過程就是幸福。當計較心、得失心、不平心、怨尤心、嗔恚心、嫉妒心離開的時候，就是幸福到來的時候。

與其仰頭羨慕別人的風光，不如埋頭培養自己的心靈。羨慕徒增煩惱，心靈的成長能夠自我超越。人生沒有絕對的完美，但可以追求經過捨棄的完美。捨棄執著和自私，成就睿智和柔軟的美。

請多觀照自心——嘉樣堪布禪語錄

人生有順境也有逆境，不可能處處是逆境；人生有巔峰也有穀底，不可能處處是穀底。順境時不趾高氣揚，逆境時不垂頭喪氣。在巔峰不忘乎所以，在低谷不一蹶不振。平常心，坦然，睿智。

人生有苦有甜，甜時不必沉迷。懂得分享和感恩，甜便是功德。苦時不必抱怨，以苦消業，以自苦代他苦，苦也成功德。甘之如飴，苦盡甘來。

人生如夢，執著便輸，盡是苦。醒悟便贏，安享樂。夢裏明明有六趣，覺後空空無大千。

請多觀照自心——嘉樣堪布禪語錄

若放不下行囊、執念，又如何輕盈前行。心境澄澈，世事方可無擾。洞悉身心內外，大千如浮雲。若捆縛於自我無他，又如何天高地闊。輕了自己，重了他人，塵世間盡隨了善緣。人世無恙，山水亦從容。

生命是一場又一場的相遇和別離，是一次又一次的遺忘和開始。浮生若夢，無執則不傷，憫人則情濃。不疏離，不刻意。

許自己在未來的路上，拈一份淡淡禪意。在凡塵的烟火裏，講一些禪話，聽一些禪音，做一些禪事，用一些禪心。讓生命在虔誠裏寂靜、安然而滿含暖意。

 請多觀照自心——嘉樣堪布禪語錄

昔有叫袁了凡的人，本名袁學海，他是明朝的名儒，小時候就讀書，可是父親要他學醫，濟世救人，所以改學醫。後來遇到一長須老相士，對他說：「你命帶官印，你應該讀書可做大官。某年某月某日可考中秀才，某年某日可作縣官，俸祿多少。某年某日升官，俸祿多少。到五十四歲八月十四日半夜子時壽終正寢，終生無子。」於是乎袁學海就轉讀書，一切都如算者所言中，十分靈驗。既然命中是注定，所以他就等命運安排，受命運支配，不求上進，終日遊山玩水。

有一天，遊到南京栖霞山，聞有雲谷禪師，他就上山參訪。禪師給他一個蒲團，二人無言對坐三天。

雲谷禪師很驚奇說：「你從何處來？能够三天安坐不動不妄想，是有道奇人也。」

袁學海就說：「既然什麼事都是命中注定，所以我就不貪、不

求、不妄想。」

雲谷禪師說：「我還以為你是非常人，原來只是凡夫俗子。」袁學海不高興說：「為什麼說我是凡夫俗子？」雲谷禪師曰：「如果不是凡夫，為什麼被命運所縛？」袁學海就問：「命運可逃嗎？」雲谷禪師回答：「你是讀書人，《易經》上不是說得清清楚楚『趨吉避凶』，如果命數不可逃，那怎麼可以趨吉避凶呢？」袁學海大悟，所以改名為「了凡」。即從今天起，已不是凡人了。

從此以後，廣行善事，多積功德。以前相者所說的，都不靈驗，并且活到八十多歲，又有三個兒子。所以命運不是一定的，凶吉也不是一定的。古人說：「君子造命。」有道德的人、正人君子，是可以改造命運，超出命數之外。為什麼不吉祥？就是心裏不吉祥，種下惡因當然有惡報，要是能改過遷善，就可以趨吉避凶。從這點看來，命運是可以改造的，所謂「大善大惡，超出數外」。

 請多觀照自心——嘉樣堪布禪語錄

快樂的源泉

人們常常認為，快樂和痛苦是來自外在的環境或境遇，於是就不斷以各種方式將精力投注於改造世界，樂於積累財富、追逐名利，試圖在這裏消除一些痛苦、在那裏累積一些快樂。但仔細觀察，你會知道，終究這些做法都無法如願以償。隨著財富名利的增加，煩惱的對境是有所變化，而煩惱的消除未見得少，快樂的積累也未見得多。問題出在哪呢？是因為我們對煩惱與快樂之因的認識有偏差錯謬。覺悟者佛陀告訴我們，煩惱的根本是無明我執，起惑造業。快樂是來自善業，不執著，無無明。如果懂得因果，懷有利他心，不執著的心，你所擁有的都將成為自利利他的方便，不管財富多寡、地位高低，顯赫或平凡，都會快樂，持續恒久的安樂。

請多觀照自心——嘉樣堪布禪語錄

恬淡，是悠然自我，是自由自在，是在紅塵世界裏的博大之愛，是在聽雨軒裏的靜聽風雨。

恬淡，是禪意裏開出的花。手拈青蓮，淺淺地笑。捧持慧劍，靜靜地看。撥無明的紗，撩煩惱的雲。

恬淡，像一杯清茶，喝下去淺淡，品味起來甘甜，不濃烈，不張揚，不索然無味，不枯燥簡單。那是濃烈之後的柔和，張揚之後的從容，索然無味之後的醇甘。

恬淡，是一種修行，體悟到極至的境界，至真至美，至情至性，味道十足而又無比簡單，高貴無比却又倍感溫暖。

恬淡，是一種韻致。任歲月穿梭流逝，依然沉靜安然，任人事滄桑，却始終溫暖如初見。

請多觀照自心——嘉樣堪布禪語錄

你是你唯一的敵人和救護者

佛陀說，你是你唯一的敵人，你也是你唯一的救護者。我無法洗脫你的罪業，也無法將你的痛苦摘去，更無法把解脫的自在遷移至你心裏，我所能做的是將真理告訴你，證悟還需你自己親自實踐。

請多觀照自心——嘉樣堪布禪語錄

440

商人的四個妻子

從前，有個人娶了四個妻子，第四個妻子深得丈夫喜愛，不論坐著站著，丈夫都跟她形影不離。第三個妻子是經過一番辛苦才得到，丈夫常常在她身邊甜言蜜語，但不如對第四個妻子那樣寵愛。第二個妻子與丈夫常常見面，互相安慰，宛如朋友。只要在一起就彼此滿足，一旦分離，就會互相思念。而第一個妻子，簡直像個婢女，家中一切繁重的勞作都由她擔任，她身陷各種苦惱，却毫無怨言，在丈夫的心裏幾乎沒有位置。一天，這個人要出國做長途旅行，他對他四個妻子說：「你肯跟我一塊兒去嗎？」第四個妻子回答：「我可不願意跟你去。」丈夫恨她無情，就把第三個妻子叫來問：「你能陪我一塊去嗎？」

第三個妻子回答道：「連你最心愛的第四個妻子都不願意陪你去，我為什麼要陪你去？」

丈夫把第二個妻子

叫來說：「你能陪我出國一趟嗎？」「我受過你恩惠，可以送你到城外，但若要我陪你出國，恕我不能答應。」

丈夫也憎恨第二個妻子無情無義，對第一個妻子說：「我要出國旅行，你能陪我去嗎？」第一個妻子回答：「我離開父母，委身給你，不論苦樂或生死，都不會離開你的身邊。不論你去哪裏，走多遠，我都一定陪你去。」

他平日疼愛的三個妻子都不肯陪他去，他才不得不携帶絕非意中人的第一個妻子，離開都城而去。

原來，他要去的國外乃是死亡世界。擁有四個妻子的丈夫，乃是人的意識。

第四個妻子，是人的身體。人類疼愛肉體，不亞於丈夫體貼第四個妻子的情形。但若大限來臨，生命終結，靈魂總會背負著現世的罪福，孤單寂寞地離去，而肉體轟然倒地，沒有辦法陪著。第三個妻子，無異於人間的財富。不論多麼辛苦儲存起來的財寶，死時都不能帶走一分一毫。第二

個妻子是父母、妻兒、兄弟、親戚、朋友和僕傭。人活在世上，互相疼愛，彼此思念，難捨難分。死神當頭，也會哭哭啼啼，送到城外的墳墓。用不了多久，就會漸漸淡忘了這件事，重新投身於生活的奔波中。

第一個妻子則是人的心，和我們形影相隨，生死不離。它和我們的關係如此密切，但我們也容易忽略了它，反而全神貫注於虛幻的色身。

有時候，千里萬里去深山幽谷也未必瞬間便得安靜，於焦頭亂額時進到名寺古剎也未必就能當下解脫。平日裏，能無事時修煉自己安住，遇事時訓練自己調服，浮躁時教誡自己沉穩，糾結時警醒自己看淡，不平時告訴自己平和，執著時勸勉自己放下，自我時換做利他，就是修行。置身簡靜，內心自會清涼。慈悲利他，內心自會喜悅。安於清明，內心自不迷惘。素心者，無有羈絆，懷慈者，平等無分別，若佛。

請多觀照自心——嘉樣堪布禪語錄

快樂佈施才是真佈施

我們常常以物質作為佈施之物，這難免使人一提到佈施就聯想到金錢。佈施真正的意思是盡己之力，幫助他人，并與人分享自己所有。佈施應該是件快樂的事情。如果是痛苦煩惱，那并非佈施，而且如果這樣，那最好先不做佈施，或者做自己力所能及的佈施。真正佈施是捨棄了執著，得到不著。

請多觀照自心——嘉樣堪布禪語錄

拔出苦惱之本

生活中，僅僅學會用微笑掩蓋痛苦，用灑脫包裹失落，用寂寞驅趕孤獨，用淡忘療養傷痕，這些還不夠。因為這些傷痛和煩惱還是像種子一樣，悄悄地深深隱藏在內心深處，某時，因緣際會，它們依然會開花結果。清明的智慧，才是幫助我們解脫煩惱、出離生死輪迴的最佳途徑。由我們內心裏的正面的光明面、慈心、悲心所生起的這些行為，就是我們安樂與利益之源。因此，試著通過修學慈心與悲心來積聚資糧，即便目前還不能夠明顯地，或立竿見影地，或斬草除根淨除煩惱，至少我們已經可以調伏它們，不被煩惱恣意操控。

請多觀照自心——嘉樣堪布禪語錄

兩隻鹿王

無量劫以前，釋迦牟尼佛行菩薩道時，曾經轉生為鹿王，統領五百隻鹿。同時提婆達多是另一個鹿王，也統領五百隻鹿。當時的國王很喜歡打獵，用很多的人力物力，圍捕狩獵。

因為被打死的野獸太多了，於是，釋迦牟尼佛示現的這只鹿王和提婆達多這只鹿王一同商議：「我們應該保護這些眷屬的生命，不應該讓國王把大家都殺死！我們到國王那裏去請願，要求國王不殺我們！」

久遠劫前，旁生也可以講人語。兩隻鹿就去向守衛說：「我們想到國王那裏請願，請您給我們通報一聲！」守衛一聽，這鹿會講人話！於是就到國王那裏去報告。國王一聽說鹿會說人話，也覺得很奇怪，於是就准許它們進來請願了。

兩隻鹿王向國王講：「我們是鹿，您若今天將我們都殺死了，一時也吃不完這麼多

鹿肉，時間久了就會壞了。不如這樣，我們輪著，每天來一隻鹿進貢給您，您可以一直有新鮮的鹿肉吃了，又不必將我們通通殺光。」

國王一聽它們這樣要求，又看到鹿會說人話，也就批准了。於是，兩群鹿每天輪流送一隻鹿給國王。一天，提婆達多這邊輪到一隻即將生產的母鹿去進貢。母鹿請求提婆達多鹿王：「您今天可不可以讓其他的鹿替代我去？等我生了小鹿之後再去進貢！」提婆達多勃然大怒道：「誰不

愛惜生命，既然輪到你，只有快去，不准推辭。」母鹿想到還未出生的孩子，傷心極了，眼淚汪汪地走去向釋迦牟尼佛這只鹿王講。菩薩鹿王覺得母鹿非常值得憐憫，但自己雖然有五百隻鹿，大家都愛惜自己的生命，叫哪一個去，哪一個都不歡喜的。於是他對這只母鹿說：「好了！你在我這鹿群裏住下，不用擔心了。」

鹿王決定自己代替母鹿去進貢。國王見今天是鹿王來，問說：「所有的鹿都送完了

嗎？你為什麼跑來了呢？」鹿王說：「大王的同情心普及鹿群，不是所有的鹿王都犯罪。草木到處茂盛，怎會有結束的時候。因為另一群鹿中，有頭母鹿馬上要生產，如果殺死母鹿，她的孩子也會沒命。她把實情告訴我，我很同情她，如果硬把尚未輪到的鹿送走也不是辦法，如果不救母鹿，則跟木石沒什麼兩樣。我的身體不是常住或永恒存在的，終究難逃一死。若能慈悲救度苦難，功德無量，如果無有慈愛，跟虎狼又有

什麼不同呢？」

啊，國王一聽，大受感動，從座位上站起說了一首偈頌：「汝是鹿頭人，我是人頭鹿。我自今日後，不食眾生肉。」

意思是：你雖然有鹿的頭，但是你是個人；我雖然有個人頭，但是是只鹿；我從今天以後，再不吃眾生的肉了。鹿群從此安然無恙，國王也得到仁信的美譽。當時的那個園子裏，鹿就非常多起來，所以叫「鹿園」，又有一個別名，叫「仙苑」。因為這個地方風

請多觀照自心——嘉樣堪布禪語錄

景特別幽美，風水好，
有很多修道的仙人都住
在鹿野苑裏面。因此釋
迦牟尼成佛的時候，就
先到鹿野苑度五比丘。

生命是一場路過

看人如看己，責人先問心。他人是己心的一面鏡子，世人是自己的一個比照。面對他人的錯誤，寬容的態度會比嚴厲的責罰更能讓人懺悔。寬容和仁慈會更能喚醒羞愧，從而真心悔改。生命是一場匆匆，人生是迷亂輪迴。錢沒了，痛苦；愛沒了，傷心；名沒了，遺憾；利沒了，怨恨。一生都在為得而喜，為失而悲，一生便如草木榮枯，一生虛度。生命莫過於一場路過。看淡得失，好好珍惜，懂得因果，謹慎取捨。生命之外，還有解脫。

請多觀照自心——嘉樣堪布禪語錄

天堂和地獄

老太太帶著愛犬在草原上散步。走著走著迷了路，走了一段路後，看見一座城堡，門前道路由金磚鋪成。

「請問，這是哪裏？」老太太問道。

「天堂。」看門人回答。「那一定有水喝吧？我們走了很遠的路，都非常渴。」「進來吧，我馬上給你水。」看門人緩慢地推開大門。「我的朋友可以一起進來嗎？」老太太指著狗問。「不行，只能給你一個人水喝。」老太太沉默了一會兒，看著愛犬，想不能只自己進去而把它扔下。她謝過看門人，帶著狗繼續前行。不久，又看見一間破屋，裏頭還有個婆婆。

「請問，你這有水喝嗎？」「那邊有水龍頭，你可以喝個痛快。」婆婆說。「我的朋友可以進去一起喝嗎？」她指著狗問。「歡迎你們喝！這裏簡陋却是天堂。」婆婆說。「不對呀？我們剛剛路過天堂。」老太太說。「告訴你吧，那是地獄！」「他們先把關，留下自私的，選出善良的來。」

請多觀照自心——嘉樣堪布禪語錄

如何避免騙局與心魔

從世間的角度看，凡事只要是具有超強的誘惑力，就可能是一場騙局。因此，若能把持住自己，常常提醒自己遠離貪嗔痴，也就能遠離誘惑，不陷入騙局。從出世間角度看，一切顯現都是騙局，是虛幻，一念迷，即為眾生，一念悟，即為佛。法王如意寶說，「真正令你受盡折磨的，實際上是心魔」。在佛陀的教言裏，經常會提到四魔中的「天魔」。通常，人們認為這是指魔王波旬，但實際上，真正的魔王，就是我們的無明迷亂。

 請多觀照自心──嘉樣堪布禪語錄

誠則成

閱盡人生百態，還是誠實最好；歷經生活坎坷，還是真誠最美。生活是一面鏡子，於其中，或是善良誠實，或是奸詐虛偽。不同的人，有著不同的情態。生活似一部書，於其間，或是真誠相待，或是虛情假意。不同的人，留下不同的記錄。經年的風雨，流年的漂泊，即使很苦、很累，依然堅信，誠摯最真。好好認清自己，一心一意，磨煉智慧，精進修行，盡力祛除世間的貪婪與煩惱。欲得佛法真實利益，須向恭敬中求：有一分恭敬，即消一分罪業，增一分福慧；有十分恭敬，即消十分罪業，增十分福慧。

請多觀照自心——嘉樣堪布禪語錄

454

魔的十軍和能退之法

在《雜法藏經》裏，佛曾經作偈告訴魔王說：「欲望是你的第一軍，憂愁是第二軍，饑渴是第三軍，渴愛是第四軍，睡眠是第五軍，恐怖是第六軍，疑悔是第七軍，嗔恚是第八軍，貪財利益自己也想要妄得虛名是第九軍，自傲與輕蔑別人是第十軍。你的軍隊如同上述，所有世人以及諸天，都不能擊破它們。

「我用智慧的劍，修持禪定與智慧之力，能够逐一打敗你的魔軍。仿佛用瓶子的土坯，沉沒到水裏一樣。專心修持智慧，才能借此解救一切。我的弟子努力精進，內心常想修持智慧。隨順實踐真理的法，必能到達涅槃。雖然不想驅逐你，也能到達你不能到的地方。」魔王聽了，長嘆一聲之後，所有的憂愁立刻消失踪影。須臾間，

惡魔的同伴們也跟著消失了踪影，不再出現。

 請多觀照自心——嘉樣堪布禪語錄

人生取於選擇

選擇親近何人，你就容易成為何種人。與勤奮的人在一起，你不會懶惰；與進取的人在一起，你不會消沉；與善良的人在一起，你不會惡毒；與慈悲的人在一起，你不會凶殘；與智者同行，你不會愚痴。

選擇怎樣的生活，你就會得到怎樣的人生。如果生活僅以金錢為中心，那人生就是計量單位，勞心費神，情薄誼疏。如果生活是以攀比為中心，那人生就是比賽場，虛榮惱恨，片刻無寧。如果生活以寬容為中心，那人生是廣袤宇宙，自由自在，無拘無束。如果生活以知足為中心，那人生處處圓滿，常常有驚喜，時時皆快樂。如果生活以感恩為中心，那人生是溫暖，處處是回報。

請多觀照自心——嘉樣堪布禪語錄

仰視才能看到陽光

笑人等於笑己，不要笑話別人。尊重別人等於尊重自己，真心尊重每個生命。不輕視和嘲笑任何人。放大自己的長處和別人的短處都是褊狹。錯誤的想法、不健康的心態會帶來錯誤的行為和態度。可能一個小小的輕蔑或嘲笑，却要付出很大的代價去彌補心與心之間的距離。傲慢有時不是因為自己真的高人一等、勝人一籌，而是心虛。因為缺少，所以在意，因為不足，所以渴望。放平自己、謙和恭敬，不僅是尊重，也是姿態，不只有尊重和友善，也是提升和戰勝，更是一次自我療傷。

請多觀照自心——嘉樣堪布禪語錄

不要太匆匆

生命，是一個存在的過程，是一個不以生為始，不以死為終的過程。考驗我們的不只是生死，還有整個的過程。在過程中，我們的心思、行為與言語會深深影響每個起點和終點。

靜一靜，讓心停下追逐凡塵的匆匆不停息的腳步。心靜了，才能聽見自己的心聲。心清了，才能照見萬物的實相，心的本然。看清了，才會正確取捨，懂得了，一定知道放手。

世間事，不甘放下的，往往不是值得珍惜的，苦苦追逐的，往往不是生命需要的。人生的腳步常常走得太匆忙。停下來笑看風雲，坐下來靜賞花開，沉下來平靜如海，定下來靜觀自在。心境平靜無瀾，萬物自然得映，心靈靜極而定，剎那便是永恒。

請多觀照自心——嘉樣堪布禪語錄

那洛巴頓悟

自在成就者（瑜伽行者）帝洛巴住在一條河邊，靠吃糠米為生。當時印度最具盛名的佛教大學——那爛陀寺的博學者那洛巴，棄捨一切名望聲譽，來到此處，找尋他生生世世的上師帝洛巴。

那是一個早晨，帝洛巴披戴著破爛的棉布衣，眼睛充滿血絲。

那洛巴頂禮後，繞行於自在的瑜伽士身旁，并恭敬地向他求法。「你在尋求什麼，那洛巴？」帝洛巴問他。「我在找尋開悟的自在。」那洛巴回答。

「你希望解脫什麼，那洛巴？」瑜伽士又問。

「尊主啊！我希望從各事各物中解脫！」弟子回答說。「不是外來的東西束縛糾纏你，那洛巴！」帝洛巴斷言，「是尋找解脫的執著束縛了你，只要放棄執著，當下就自在了！」聽到這些簡單的話，那洛巴頓悟了。之後，帝洛巴唱了一首歌：有執著處，就有痛苦；有偏見時，就有限制。觀念

請多觀照自心——嘉樣堪布禪語錄

存在處，二元對立；二
元分別，暗含無明。不
要思維、計劃或尋求了
悟，不外求物。清明而
無垢，自覺自然生，并
能療形勞，安住於不
移、不造作，任運自
成。

何為唯一真正值得追求的

在世間生活中，對於得不到的東西，我們總是相信它是美好的，這是因為你對它瞭解太少。如果你深入瞭解後，就會發現它并不是你想像中的那麼美好。其實這世間沒有一件完美的東西，所以沒必要去執著，真正值得我們努力去追求的唯有解脫之道。

真富貴

不求未來所欲之事，是名少欲。得而不著，是名知足。親近善友明師，修學善法，遠離惡友與諸不善之事，是名少欲。對棄惡行善、樂善好施無厭無悔，是名知足。對有恩於人不望報答，是名少欲。人生於世，能知足者，雖貧是富；不知足者，雖富是貧。

請多觀照自心——嘉樣堪布禪語錄

出發在當下

修行不是個名詞，不是快慢，不是多少，不是數量。修行是實際行動，是從錯誤與被動中解救自己。修行需要足夠的耐心、堅韌、熱情、勇氣和智慧。修行所能解決的問題不在遠方，而在自身的生活、工作直到生死的一切中。依著佛智，沿著光明，修行就在脚下。

逆境的歷練

遇不順心、不如意的人或事，不惱、不怒、不發脾氣，是性格更是智慧。

逢逆境、處低谷，樂觀、陽光、向上，是氣質更是氣魄。對不公的事或難纏的人，豁達、幽默、堅韌，是胸懷更是慈悲。怨憎會、愛別離、不欲臨、求不得，這些不如意總會不期而遇，如影隨形，但面對強大的心，它們無計可施。

請多觀照自心——嘉樣堪布禪語錄

生活可以更美的

知恩圖報，貴人就多了；貴人多了，小人就遠了；小人遠了，路就順了。

少了報怨，機會就多了；機會多了，空間就大了；空間大了，自由就多了。

不談他過，口德就多了；口德多了，毀謗就少了；毀謗少了，美譽就多了。

多行助人，朋友就多了；朋友多了，善緣就增了；善緣增了，心願就易成了。

善待人生

人生看你如何對待。以慈悲對待，將得到安穩。以敬畏對待，將得到尊重。以智慧對待，將得到自在。以道德修養身心，以自律謹言慎行，天佑人助福自來。

 請多觀照自心——嘉樣堪布禪語錄

誰把你綁住了

以前，有個修行人，向一位高僧請法，他說：「請問師父，怎麼樣才能得到解脫？」高僧答：「誰把你綁住了？」說完了這句話，這個人即刻就開悟了。「噢！原來沒有人綁住我呀！是我自己綁著自己。」自己若不綁自己，自然就得到解脫了。

我們每一個人，自己看不破、放不下，就是自己綁著自己，也就得不到自在；得不到自在，也就得不到解脫。若能看得破，一切都明白了，把什麼都放下了，就得到真正自由了；得到自由，也就得到解脫了，無拘無束，無挂無礙，遠離顛倒夢想。當然，若人人都能像那個修行人一樣，一經指點就能開悟，也未必。若想要看破，之後能放下，需要你不斷地聞思修行，這樣最有可能，也最穩妥。

請多觀照自心——嘉樣堪布禪語錄

讓自己聽到將死的聲音

身體為四大和合而成，很快會消失。五蘊猶如幻化，剎那生滅，無常變化。如果對此根本不知道，在自己的意識裏始終覺得身體永恒，青春可以駐留，容顏可以不易老，心念不會改，乃至外境——一切的擁有都是恒久的，心始終執著一切。這些執著就會成為一切痛苦的因。壽命是無常的，一切都是無常的，世間沒有一樣東西恒常。雖然我們每天聽到很多關於死亡的消息、關於生滅的消息，却聽不到自己即將死亡的聲音，看不到生滅的變化，深深地執著一切，經歷輪迴，經受痛苦，却不自知。

 請多觀照自心——嘉樣堪布禪語錄

防微杜漸負面念頭

任何細微的情緒，在最初都只是一個微小的念頭或感受，然後變得越來越強大。如果你能夠在念頭初生的一剎那即加以認清，很容易讓念頭消退平息。如果你沒有覺察到這樣的念頭，讓它們擴張增生，那麼很快地，它們將會一個接著一個迅速成為一連串的念頭和感受。你將發現自己越來越難以破除那強大的情緒，也很難去阻止這個情緒可能引生出來的負面行為。如同《大乘莊嚴經論》所告誡的：情緒摧毀自己、摧毀他人，也摧毀戒律。在《入菩薩行論》中，寂天大師把負面情緒比喻為必須被擊退的敵人。但是他指出，負面情緒不像一般人類的敵人，它們沒有任何可以撤退的處所。你只要認清負面情緒的本質，就能加以根除：悲慘的煩惱，被智慧之眼擊潰！

請多觀照自心——嘉樣堪布禪語錄

隨緣最好

隨緣不是退縮，不是隨波逐流，不是惰怠。隨緣是進取。因對「我」的放棄而能心懷平等、心胸豁達，而能包容和接納；而能凡事對人無損害心，對己無執著、自私心。隨緣是看透、看懂、看清「一切境并非實有」的真相，而能放下和不迷惑，從而擺脫對苦樂境的困縛，對「心、佛、眾生三無差別」的疑慮。

世法無常，一切都不會恒存。統觀三界之內，整個世間，不論大小精粗，皆隨成、住、壞、空不停變化；由無而有是「成」，成至鼎盛是「住」，接著變壞、衰敗是「壞」，衰減到無是「空」。滄海桑田，山河大地，房屋用具……一切無不無常變化。一切有情世間也是如此，無常始終相伴。不論貧賤富貴，誰都逃不過成住壞空、生老病死；投胎而出是「成」，漸長而壯是「住」，老病衰殘是「壞」，壽終而亡是「空」。庶民百姓如此，帝王將相同樣如此。

從前，有一位叫優婆掬提的生意人，為人敦厚、很有善根且富有智慧。他請問一位已證得阿羅漢的比丘說：「尊者，我要如何才能進入佛門？如何真正修行呢？」

比丘說：「你要照顧好你的心。心念如果能達到善良、慈愛與平靜的境界，就是修行了。」

優婆掬提說：「這無形無影的心念，要如何照顧？又該如何證明哪一心念是好的？哪一心念是不好的？」

比丘回答說：「你可用黑豆和白豆，來試驗心中的善念或惡念。一天中若起善念，就放一粒白豆；如果生起一惡念，就放一粒黑豆。黑豆減少、白豆增加，表示善念升高了；白豆減少，就表示惡念、煩惱增加了。」

而後，優婆掬提按照比丘的教法，把他的店當成道場，好好照顧自己的心。有人來買東西，他就生起歡喜心、感恩心，殷勤服務客

請多觀照自心——嘉樣堪布禪語錄

469

人。使客人感到愉快後，他就放一粒白豆。有時遇到喜歡論斤計兩的客人，優婆掬提對客人起憎惡和不歡喜心時，他就放一粒黑豆。一天下來，黑豆的數量比白豆多，優婆掬提隨即提醒自己要加緊努力，照顧好自己的心。

過一段時間後，黑豆的數量仍比白豆多，優婆掬提就下定決心：「不要讓心念被境轉了！要對境不生心，以平常心、歡喜心來對待一切的事物。」優婆掬提精進的心，終於使黑豆的數量由多漸少，直

到完全消失。

心念是修行的關鍵，一個人的成功或失敗就在於一念心。若能好好照顧自己的心，保持平常心，就會處在寧靜之境。照顧心念，保持平常心的方法，就是要培養大愛和善念。端視自己是否能多用心，時時培養心中的善念，并好好照顧這份心念。

請多觀照自心——嘉樣堪布禪語錄

命運是可以改變的。佛教雖然也講命運，但是并非機械的宿命論。佛教主張諸法因緣而生，空無自性，因此命運也是因緣生法，沒有自性。壞的命運可以借著種植善因善緣而加以改變，趨向好的方向，達成好的結果。反之，好的命運如果不斷地造諸惡因惡緣，就會走向厄運。

請多觀照自心——嘉樣堪布禪語錄

471

讓生命最美綻放

人生最重要的事情，莫過於改善我們的生命，包括改善身體狀況、思想及行為。明辨善惡，是非分明，將我們的身、口、意不斷地趨向善，那我們的生命就會得真改善，真提升。當過去的業習障礙被不斷地淨化消除的時候，我們的內心就會變得清淨自在了，一切外境都不會給我們自己帶來煩惱和困擾了。遇到好的，會更開心，更知感恩；遇到不好的，會更堅強，更希求解脫。勤修戒、定、慧，息滅貪、嗔、痴，告別苦厄，擁有安樂和美好。

請多觀照自心——嘉樣堪布禪語錄

放下執著則得一切智

佛陀於菩提樹下悟得萬法本性，成就佛果時感嘆說：「一切眾生，皆具如來智慧德相，但因妄想執著，不能證得。」一切眾生，本自具足佛性，只因為妄想和執著，而迷失真我，遮蔽本心，不能見清淨自性。要我們把「心」安住一處，必能所作皆辦，無功不克。

 請多觀照自心──嘉樣堪布禪語錄

萬法皆緣起。這本書也不例外。

2014 年，頓珠法師和白瑪益西居士在主編《梵音》雜志過程中，從我的博客和微博的文章中選取了一些文字，大多涉及「心」的內容，後來就以《事事關「心」》為題，相對固定在「上師教言」欄目中陸續刊出。到了 2015 年，他們覺得這些文字完全可以成書，以便於惠及更多的有緣讀者。於是他們提出，將我2013 年12 月—2015 年12月的博客與微博文章中，選出內容摘編出來，每篇加上標題，進行編輯出版。

佛法講隨緣恒順眾生，作為一個出家修行人，我在感謝他們美好發心的同時，欣然同意了這件事。

在頓珠法師的指導下，白瑪益西、晏云、崔雅琼、馬旭東、王彧芝、郝功銘、謝廣馨、小小、傅麗雅、索衣翁姆等居士參與了本書資料的整理、摘編、審讀和校對，我在此深表謝

意。同時對參與該書排版、設計、出版的所有朋友，尤其是香港心一堂出版社的陳劍聰居士，我都深表謝意。

　　如果出版本書有些許功德，願迴向給十方法界一切眾生，願他們早日離苦得樂。